河北省草原资源资产离任审计框架构建及实施路径研究

赵佳娜／著

吉林大学出版社

·长春·

图书在版编目（CIP）数据

河北省草原资源资产离任审计框架构建及实施路径研
究 / 赵佳娜著. -- 长春：吉林大学出版社，2022.8
ISBN 978-7-5768-0706-6

Ⅰ.①河… Ⅱ.①赵… Ⅲ.①草原资源 – 自然资源 –
国有资产 – 经济责任审计 – 研究 – 河北 Ⅳ.
①F323.212②F239.66

中国版本图书馆CIP数据核字(2022)第186902号

书　　名：河北省草原资源资产离任审计框架构建及实施路径研究
HEBEI SHENG CAOYUAN ZIYUAN ZICHAN LIREN SHENJI KUANGJIA
GOUJIAN JI SHISHI LUJING YANJIU

作　　者：赵佳娜　著
策划编辑：矫　正
责任编辑：张宏亮
责任校对：王寒冰
装帧设计：雅硕图文
出版发行：吉林大学出版社
社　　址：长春市人民大街4059号
邮政编码：130021
发行电话：0431–89580028/29/21
网　　址：http://www.jlup.com.cn
电子邮箱：jldxcbs@sina.com
印　　刷：天津和萱印刷有限公司
开　　本：787mm × 1092mm　　1/16
印　　张：7.5
字　　数：100千字
版　　次：2023年5月　第1版
印　　次：2023年5月　第1次
书　　号：ISBN 978-7-5768-0706-6
定　　价：45.00元

目　录

第1章　绪论

　　草原是地球生态系统的物质、能量库，绿色植物通过光合作用，储碳固氮，这使草原成为地球的三大碳库之一，所以草原在地球碳循环、氮循环和减缓气候变化的过程中起到重要作用。草原资源是我国重要的自然资源，草原则是陆地生态系统和国土资源的重要组成部分，是天然的绿色屏障。我国是一个草原大国，拥有各类天然草原近4亿公顷，草原面积居世界第二位，占全球草原面积的13%，约占全国陆地面积的41.7%，约是耕地面积的3.2倍、森林面积的2.5倍[①]。草原植被是我国半干旱到半湿润地区最重要的资源，是畜牧业的生产资料。草原涵养着大江大河的水源，承担着生态安全的重任的同时，还有储碳固氮、保持水土、清洁空气、净化土壤以及维护生物多样性等多重功能。[②]草原的多重功能使其成为我国生态安全的重要屏障，同时它也是牧民生存和发展的物质基础，对于维护边疆稳定、社会和谐、民族团结具有重要意义。但长期以来，由于气候转暖和超载过牧等原因，草原大面积退化、沙化和盐碱化（以下简称草原"三化"）。近年来，国家虽然实施了一系列的草原保护工程，但草原生态"局部改善、总体恶化"的趋势没有根本扭转，国家生态安全受到严重威胁。天然草地并不是取之不尽、用之不竭的宝库，需要合理利用，才能造福后代。

---

① 刘漠炎. 人与自然和谐共生——山水林田湖草生命共同体建设的理论与实践 [M]. 北京: 人民出版社, 2019: 310.

② 张立中. 中国草原利用、保护与建设评析及政策建议 [J]. 农业现代化研究, 2012 (05): 523.

1.1　研究背景及问题提出

1.1.1　领导干部自然资源资产离任审计政策的制定

我国疆土辽阔，物产富饶，生态系统多样。改革开放四十年来，我国经济高速发展，成果辉煌，经济增长之快世界罕见。从中国历年GDP增长率来看，中国经济一直稳速发展。而我国经济虽然取得了非凡的成绩，但是却以消费自然资源、消耗生态环境为代价，已经偏离了我国可持续发展的初心。部分领导干部盲目地发展经济，为了追求短期的经济利益，满足任期政绩考核的需要，一味地以"GDP论英雄"，而忽视自然资源本身的特有属性——有限、稀少、短缺，以及生态环境无法复制、自身修复缓慢的弊端，漠视后续的发展。此外，以往"先离任，后审计"，也致使自然资源受损、生态环境破坏的责任难以追究。

在此背景下，党的十八大报告提出优化自然资源资产规划、开发、使用、管理和生态保护格局，重塑生态文明理念。

近年来，党和政府高度重视生态文明建设和自然资源保护，不断开展制度创新。2013年党的十八届三中全会通过了《中共中央关于全面深化改革若干重大问题的决议》，要求"探索编制自然资源资产负债表，对领导干部实行自然资源资产离任审计，建立生态环境损害责任终身追究制"。[①]2014年6月自然资源资产离任审计研讨会召开，开始对其框架要素进行研究、讨论，对"谁审谁主权、审谁重点审、审查侧重点、目标落脚点、划定范畴线"等内容进行解说。2015年在《生态文明体制改革总体方

---

① 中共中央关于全面深化改革若干重大问题的决定 [M].北京：人民出版社，2013：53.

案》中提出要"制定自然资源资产负债表编制指南,构建森林资源等的资产和负债核算方法,定期评估自然资源资产变化状况……""把生态效益纳入经济社会发展评价体系。根据不同区域主体功能定位,实行差异化绩效评价考核。"[①]为此,2015年国家还专门印发了《领导干部生态环境损害责任追究办法》,以完善生态文明绩效评价考核和责任追究制度。随后,在内蒙古呼伦贝尔、浙江湖州、湖南娄底、贵州赤水、陕西延安等地市开展了自然资源资产负债表编制试点和领导干部自然资源资产离任审计试点工作。在取得了初步经验之后,国务院印发了《关于印发〈编制自然资源资产负债表试点方案〉的通知》(国办发〔2015〕82号),提出总体思路是坚持边改革实践,边总结经验,逐步建立健全自然资源资产负债表编制制度,规定"我国自然资源资产负债表的核算内容主要包括土地资源、林木资源、水资源、矿产资源、草原资源"[②],要求在自然资源核算理论框架下,以自然资源管理部门统计调查数据为基础,编制反映主要自然资源实物存量及变动情况的资产负债表。

2015年5月,中办、国办在《关于加快生态文明建设的意见》和《生态文明建设目标考核办法》等文件中,对通过编制自然资源资产负债表,加强目标考核、促进生态文明建设作了进一步的顶层设计。为了具体指导对领导干部的离任审计,加强生态文明目标考核与自然资源资产管理责任评价。2017年6月,中共中央、国务院印发了《领导干部自然资源资产离任审计规定》。

"领导干部自然资源资产离任审计"的定义表明,其是国家审计机关依照国家法规对领导干部资源管理和保护环境责任的履行情况进行整体

---

① 中共中央 国务院印发《生态文明体制改革总体方案》_文件_国务院_中国政府网〔EB/OL〕. http://www.gov.cn/guowuyuan/2015-09/21/content_2936327.htm.

② 国务院办公厅关于印发编制自然资源资产负债表试点方案的通知_湖南省自然资源厅〔EB/OL〕. http://zrzyt.hunan.gov.cn/xxgk/zcfg/xljb/xzfghdzygwywj/gwybgtwj/201808/t20180823_5081367.html.

性、系统性、持续性的审计工作。和其他自然资源的审计相比，存在很大的差别。草原资源资产审计是以活的有生命的牧草为审计对象，草原资源的可再生性以及生长的周期性特征，提高了审计机关进行审计工作的难度。目前，草原环境状况日益严峻，对领导干部草原资源资产离任审计进行研究与分析也成为时代的新要求。

1.1.2 河北省草原资源生态保护基本情况

河北省位于北纬36°03′—42°40′、东经113°27′—119°50′之间。北部是坝上高原，西部、东北部环山，东临渤海，东南部是广阔的华北大平原。全省地势西北高、东南低，西北部的高原、山地海拔多在1000米以上，有些山峰海拔在2000米以上，而东南部的平原大部分海拔不足50米，最低地区2至3米。根据地貌特点，全省可分为坝上高原区、坝下山地丘陵区、山麓平原区、黑龙港低平原区、滨海低平原区五个区。全省国土总面积187 700平方千米，现有常用耕地面积59 560平方千米。

全省共有各种类型草原50 160平方千米，占全省国土总面积的26.7%，分布在坝上高原区、坝下山地丘陵区和滨海低平原区这三个区域内。河北省草原主要分九大类：高原干草原类、高原草甸草原类、山地干草原类、山地草甸草原类、山地灌木草丛类、山地丘陵草丛类、低湿地草甸类、滨海滩涂草甸类、草本沼泽类。

河北省草原退化、碱化、沙化严重，全省三化草原面积已达到21 700平方千米，占全省草原面积的43.3%，因长期高强度开发利用致使草原生态破碎，生物多样性锐减，导致旱、火、大风、沙尘暴等自然灾害及鼠、虫、病、毒草等生物灾害频繁暴发。近年来全省草原鼠虫害年危害面积平均9 930平方千米，危害面积占全省草原面积的19.8%。

河北省土地沙化严重，全省沙化土地面积27 200平方千米，占国土面积的14.5%。自2010年入春以来，我国北方地区连续多次出现了大面积的风沙扬尘天气，时间之长、频率之高、范围之广、强度之大，为历史同期罕见。对北京、天津等大城市及周边地区的交通运输、生态环境及人们的日常工作生活带来了不利影响，造成直接危害，引起社会各界的广泛关注。

河北坝上地区包括张北草原、御道口牧场、塞罕坝机械林场等，这里曾经是原始森林，后来由于过度放牧、过度开垦、过度砍伐等不合理的土地利用行为，导致部分地区原始森林、草场退化，甚至形成沙化土地，生态脆弱且敏感。已有研究表明作为环首都生态圈一部分的河北坝上及浑善达克沙地，其沙化直接影响北京的生态安全。1999年，河北省为京津风沙源治理工程，启动"再造三个塞罕坝"工程，在张家口塞北、承德丰宁千松坝、围场御道口建设三个大型生态林场。紧紧扼守着浑善达克沙地的塞罕坝机械林场作为北方生态屏障的重要部分，当初种树的主要目的是提供木材产品，而今在"美丽中国"战略的推行下，塞罕坝机械林场肩负着建设生态涵养功能区的历史使命，因此其本身及其相邻的生态系统如围场御道口等地，更应重新考量其生态系统服务内容，合理调整土地利用规划，使得片区之间相互协调，最大程度地发挥生态系统服务价值以及构建理想的生态安全格局，为减少京津地带风沙危害创造条件。

1.1.3 京北地区的生态安全格局亟待加强

京北地区位于河北省北部，属内蒙古高原南缘，是京津冀北的重要生态屏障和水源地，也是京津风沙源治理地区之一。京北大部分地区属半干旱半湿润地区，其生态类型主要为森林草原生态系统，属于农牧交错带。京北地区历史上曾是林木茂盛、水草丰美之地，而今却成为离北京最近的沙尘源地之一，生态脆弱且敏感，根本原因为人口增长和经济发展过快，人类对资源环境进行过度放牧、过度开发等不合理的土地利用行为。不合理的土地利用行为引发越来越多的生态环境问题，生态系统的退化影响着京北地区的生态安全。

俞孔坚等人从水源涵养、洪水调蓄、沙漠化防治、水土保持和生物多样性保护等五个维护生态安全最关键的生态过程对我国国土生态安全格局进行系统分析评价和区划划定，为我国土地利用优化、生态安全格局规划的相关工作提供参考依据[①]；基于俞孔坚等人对生态安全格局的划分结果，按照京北地区的实际情况选取水源涵养、沙漠化防治、和水土保持三个生态过程，阐明京北地区生态安全格局现状及其生态系统服务加强的迫切性。根据江河源区水源涵养安全格局划分结果，京北地区植被覆盖度为40%至70%，大部分地区水源涵养安全格局属于低水平，是重要的水源涵养地，但其水源涵养安全格局亟待加强。

根据沙漠化防治安全格局划分结果，我国除塔克拉玛干、古尔班通古特、柴达木盆地、巴丹吉林、乌兰布和与库布齐等原生沙漠外，还有呼伦贝尔沙地、毛乌素沙地、浑善达克沙地、坝上、科尔沁沙地等形成的一条沙源带，呈现中、高水平生态安全格局。已有学者研究得出，浑善达克沙地和河北坝上地区的沙化对北京的风沙有着直接的影响，河北坝上地区可谓为北京挡风沙的最后一道防线，这一区域成为重要的防风沙力量。[②]因此，京北地区沙漠化防治安全格局亟待加强。

根据水土保持安全格局划分结果，京北地区的水土流失潜在危险性评价分两部分：从兴安盟往西南至北京一带为分界线，西部从北至南危险水平逐渐升高。京北地区整体水土保持防治安全格局处于中、高水平，水土保持防治安全格局亟待加强。

根据国土尺度生态安全格局叠加结果，京北地区综合生态安全格局较复杂，属于低、中安全水平国土尺度范围内，低安全水平区域应发展成为不可逾越的生态底线，中等安全水平区域应在低安全水平基础上更大范围地开展保护。从地理空间的分异划分，京北地区生态安全格局主要为第

---

① 俞孔坚, 李海龙, 李迪华, 等. 国土尺度生态安全格局[J]. 生态学报, 2009 (10)：5163–5175.
② 康瑞斌, 王立群, 乔娜. 京津风沙源治理工程生态影响及评估研究进展和展望[J]. 林业经济, 2013 (06)：13–17.

一类和第二类区域的交错带：第一类区域中亟待加强的生态系统服务主要为水源涵养、土壤形成与保持和生物多样性保护等；第二类属于中国生态环境的脆弱敏感区域，如浑善达克沙地、京北坝上等，气候条件恶劣、干旱、土壤疏松、植被覆盖度低、土地沙化、风沙侵蚀等，其亟待加强的生态系统服务主要内容为沙化调节服务。对于仍未沙化的区域采取加强保护、禁止开发、过度放牧等措施；对于已经沙化的区域，严格保护草场的同时应禁牧休牧、转变产业发展结构，防止进一步沙化；对于活化沙丘和沙漠化严重区域，既要实行保护草场、林场的政策更要施行生态恢复和重建，大力开展因地制宜的山水林田湖草统筹工程。

综上所述，京北地区应发挥的生态系统服务内容应为：防风固沙、涵养水源、水土保持、提供旅游文化服务等。在"美丽中国"战略的推动下，京北地区生态安全格局的实现不仅需要权衡和识别其生态系统服务，还应该在保障生态安全的情形下稳定地发展经济，真正响应"绿水青山就是金山银山"的号召，优化土地利用配置。

1.1.4 问题提出

从2014年开始，领导干部自然资源资产离任审计政策已经开始试运行，为响应国家号召，各省也纷纷出台相应政策，提出要探索编制自然资源资产负债表和保护环境责任清单，对领导干部实行自然资源资产监管和保护环境责任离任审计和责任追溯。

河北省作为京津冀地区重要的绿色屏障，对京津冀地区实现绿色协调发展起着重要的作用，草原资源作为自然资源的重要组成部分之一，对维护生态环境、提高环境质量起着重要的作用。在经济不断发展的同时，河北省并没有忽视绿色发展的理念。近年来河北省在生态保护方面取得了显著的成就，如加强绿化攻坚工作，启动了太行山绿化和"矿山披绿"攻坚战；参与京津风沙源治理工程，在张家口塞北、承德丰宁千松坝、围场御道口建设三个大型生态林场。但是,河北省的森林生态资源没有得到有效的开发,草地资源没有得到有效保护和利用,近些年生态环境恶化,雾霾天气频现,近50年全省平均气温升高近1.4摄氏度,降雨量减少约120毫米,2014年沙化土地有21 253平方千米、荒漠化土地有21 360平方千米、水土流失面积近60 000平方千米,占全省面积近三分之一。加之全省森林、草地资源分布不均,生态系统总体功能较差。可以看出,生态环境已成为制约河北省经济社会绿色发展的严重障碍。

河北省作为京津冀绿色屏障的一个关键组成部分,面对当前草原管理与草原资源不能合理利用、生态环境不断恶化等问题,亟须加强对草原资源资产权责的管理,而领导干部离任审计能够为河北省环境和生态保护保驾护航,并服务于生态文明体制改革,最终推动经济的良性发展。因此,笔者就如何编制草原资源资产负债表以弥补当前草原资源资产统计数据的缺陷,从动态的角度来反映草原资源资产的存量与利用情况,并从权责的角度来划分责任进而明确草原资源资产负债,实现对草原资源资产的终身审计追究,扭转领导干部"重树轻草、重粮轻草、重草轻牧、重保护轻利用、重建设轻管理、重生态效益轻经济效益"的观念,以及避免林、农、水、牧各自为战,疏忽管理等行为的发生;如何建立内容详尽、差异化的评价体系,以解决评价内容不详尽、非差异化、责任权属不清、产权不明晰而导致的管理混乱问题;在此基础上,结合河北省张北、丰宁和围场三个地区草原资源资产实际,探索河北省草原资源资产离任审计的实施路径,形成明责、定责、追责的"链条体",以期解决"审什么、怎么审、如何进行评价定责"等问题,为河北省草原资源资产离任的审计制度建立和完善提供参考。

1.2 研究目的与意义

1.2.1 研究目的

领导干部自然资源资产离任审计的目的是依据现行政策法规，就领导干部任期内对其所管辖区域内的自然资源资产管理和环境保护的履职情况、相关法律政策执行情况、相关项目的进展情况及相关活动专项资金的运用情况等内容进行审计。认清自然资源资产的价值性，遏制以往为追求政绩成效，而漠视自然资源损害、环境破坏的行为，进而担负起任期内对所管辖区域的自然资源资产合理规划、集约经营、节约使用、有效管理的责任。据此，笔者就河北省草原资源资产离任审计提出以下研究目标。

第一，提出符合领导干部离任审计目标的草原资源资产价值确定方法及草原资源资产负债表编制依据。

第二，系统构建适用于草原生态系统离任审计的指标评价体系，明确离任审计的要点，确保审计理论与相关学科能够充分契合。

第三，研究和探索适用于河北省草原资源资产的离任审计标准和实现路径，设计并提出符合河北省草原生态系统实际情况的离任审计的实施方式及标准。

1.2.2 理论价值

第一，利用资源环境经济学和资源环境会计与审计分析框架，明确草原资源资产离任审计的实施基础，明晰草原资源资产价值确定和草原资源资产负债表的编制要点，为本书提供新的思路。

第二，草原资源资产离任审计评价指标体系的设计、离任审计内容的确定以及离任审计方法的选择，能够在一定程度上弥补既有研究的片面性。

第三，草原资源资产离任审计实施路径的分析，能够使"实然"问题与"应然"问题得以有效衔接，进一步丰富与完善该问题的理论基础。

而中国这些年的经济发展则有赖于国内丰富自然资源的支撑，因此，想要长远地增加国家实力，就必须为自然资源的可持续发展付诸行动，探索出经济与自然协调发展的新道路，领导干部自然资源资产离任审计便应运而生。草原资源资产离任审计是自然资源资产中的重要部分，对领导干部草原资源资产离任审计实践工作进行研究无疑能丰富我国的相关理论研究。

1.2.3 应用价值

草原资源资产离任审计工作的积极推进，能够更好地揭示领导干部在草原资源开发、利用、管理以及保护等方面的职责范围，使草原生态治理机制得以完善，进而优化草原生态环境，推动生态文明建设，具体包括如下几点。

第一，草原资源资产价值确定和草原资源资产负债表的编制方法研究能够确保离任审计工作有据可依。

第二，离任审计评价指标体系的构建、离任审计内容的确定以及审计方法的选择研究，能够为该领域离任审计工作的推进提供新方法和新思路。

第三，结合具体案例展开的离任审计实施路径研究，也可为其他生态功能区离任审计制度的执行与优化提供参考。

第四，有利于自然资源环境和社会经济的协调发展，形成可持续发展观念。近年来，资源短缺、环境污染等问题已成为制约社会经济发展的重要因素。与此同时，部分地区"唯 GDP 论"的政绩观与许多资源不可再生性矛盾日益突出。实施领导干部草原资源资产离任审计，将有效遏制当前本地区"唯 GDP 论"的经济发展理念，加强对资源可持续发展的重视。

第五，强化公众对自然资源的环境保护意识，改善生态环境质量。改革开放以来，党中央提出以经济建设为中心，以 GDP 作为政绩的考核指标使社会经济取得了突破性发展，但是，我国经济发展模式长期以来主要依靠消耗自然资源来刺激经济，以牺牲资源和环境为代价，超出环境承载能力的经济发展方式最终只会带来恶果。以河北省的草原资源资产离任审计实践工作作为研究对象，以期社会公众能够意识到自然资源资产是全民所有，大家要从旁观者的身份中走出来，对政府部门进行自然资源保护提出更多的建议。

总而言之，《领导干部自然资源资产离任审计规定》属于宏观层面指导意见，对不同类型的生态功能区域有一定的普适性。河北省草原生态系统亦有其特殊性，且离任审计方面可借鉴的经验相对较少。本书主要运用审计理论及方法，结合会计学、生态和资源环境经济学、政治经济学等领域的相关理论及方法，以草原资源资产离任审计作为研究对象，重点探讨离任审计框架的确定以及具体实施路径，同时结合河北省草原生态功能区的实际情况，进一步明确草原生态环境治理过程中的相关权责，以期能够推进河北省生态文明建设。

1.2.4 研究意义

第一，对维护京津生态安全具有重大意义。河北省环京津、渤海湾，具有特殊的区位，肩负着构筑京津绿色屏障，改善京津生态环境，维护京津生态安全的重要使命。目前，河北省草原环境恶化、脆弱，已经影响到北京、天津两大城市的生态环境质量和供水安全。河北草原沙化区距北京最近的只有100千米，目前还在以每年约1.8千米的速度向南推进，直逼京津。北京81%的饮用水来自河北，河北草原的沙化、退化，还导致严重的水土流失和河道淤积，给河北和京津地区饮水带来严重影响。据检测，河北省草原"三化"、土地沙化仍呈逐年增长态势。河北省草原资源资产不仅是当地畜牧业的物质基础，而且是首都最后一道天然生态屏障，在为京、津阻沙源、净水源，维护首都生态安全方面起着不可替代的作用。本书以坝上地区生态战略要地张家口塞北、承德丰宁千松坝、围场御道口牧场为案例，探讨河北省草原资源资产离任审计框架构建及实施路径，实现保护河北省草原生态环境的目的，进而达到维护京津生态安全的重要目的，对实现"绿水青山就是金山银山"，建设"美丽中国"有着极其重要的现实和历史意义。

第二，对草原保护相关要素研究创新，促使草原资源得到永续利用。对有关草原保护的观念、政策、体制、机制、措施及技术进行研究创新，探索出一条生态上健全、经济上有活力、为社会可接受的草原生态发展之路，达到社会、经济和生态三方面的统一和协调，使草原生态环境得到改善，草原资源得到保护和永续利用。

第三，对人与草原协调发展的途径进行新的探索。人类对草原的过度利用是草原生态环境遭到破坏的首要原因，只要调整人的不合理的经济活动，草原生态环境就能从根本上得到改善，实现人与草原的协调发展。

1.3　研究的主要内容、思路和框架

1.3.1　研究的主要内容

第一，相关概念的界定及理论基础阐述。

第二，离任审计的实施基础：草原价值构成和变动、资源资产负债表的编制。

第三，离任审计的要点：离任审计评价指标确定、审计内容、审计方法。

第四，离任审计实施路径：结合案例明确权责界定问题、对策建议的提出。

1.3.2　研究思路

本书从理论基础出发，总结并归纳学界已形成的成果。其中，理论成果包括：专家学者已有的理论成果；中办、国办和审计署等部门印发的各类文件。然后，系统梳理离任审计相关理论及其在森林、流域、土地资源以及矿产开发等领域的前期应用；明确草原资源资产的价值构成要素，探讨草原资源资产的经济价值与生态价值变动规律；以离任审计作为出发点，厘清草原资源资产负债表的编制要点，对其中资产、负债以及净资产这3类要素的确认、分类以及计量问题进行深入分析，探讨草原资源资产负债表在离任审计中的应用；以草原资源资产负债表中的核心要素和相关部门统计监测数据为基础，确定离任审计工作的目标。在此基础上进一步明确审计主体、审计客体以及审计结果的预期使用者。依据PSR模型确定相关评价指标：生态环境压力（P）包括草原"三化"情况、价值变动及生产

能力；草原资源状态（S）包括天然草原面积、人工草地面积、植被覆盖率以及畜牧业产值；制度响应（R）包括法律贯彻、改良投入以及生态保护专项资金使用。结合河北省草原生态功能区的特征，以政府官员受托责任履行为出发点，基于PSR模型确定的评价指标，围绕草原资源资产管理及生态保护责任，着眼于领导干部任职期间草原资源资产的价值量、实物量以及环境质量，以自然资源资产数量、价值、质量安全以及生态环境改善为支撑点，从目标责任完成、法律法规与政策制度落实、草原资源资产开发利用管理及生态环境预警机制建立等四个方面进一步细化草原资源资产离任审计的内容。以河北省草原生态保护责任履行情况为切入点，确定合理的审计方法，即传统方法与创新方法。结合前述研究所形成的实施基础、审计目标、审计主体与客体、评价体系、审计内容以及审计方法，充分考虑河北省草原生态系统的现实状况，结合张北、丰宁及围场地区开展案例研究，进一步明确离任审计的实施路径。针对河北省草原资源资产离任审计制度的推行，从审计基础、审计内容、审计评价以及审计方法等方面提出相应的对策及优化建议。

1.3.3　总体框架

第一，问题提出。现状分析：从草原资源面积动态、类型空间分布及"三化"问题三个方面分析近年来河北省草原生态系统的现状；研究意义：结合《规定》制度条文，探讨离任审计与草原生态环境治理间的关系；明确草原资源资产离任审计工作开展的必要性。

第二，河北省草原资源资产离任审计的实施基础。

第三，河北省草原资源资产离任审计评价指标确定及审计内容。

第四，河北省草原资源资产离任审计的方法。

第五，河北省草原资源资产离任审计的实施路径。

1.4　研究采用的方法

1.4.1　文献研究

查阅和参考大量的文献资料是课题研究和撰写本书的前提。在开展课题研究之前对相关文献资料进行深入研究有助于构筑研究课题的概念框架，理顺研究思路，使本书的撰写更为顺利、更有深度。目前学界对于生态文明建设、政府生态管理、领导干部自然资源资产离任审计等方面均有不同程度的研究。针对这方面的研究成果，笔者大量地阅读与课题相关的书籍、期刊、论文等资料，在此基础上进行资料分析、数据采集、框架搭建、结果汇总、成果整理等，全面、准确地了解和掌握领导干部自然资源资产离任审计指标筛选方面的研究成果和发展历程，为进一步地研究做好材料和理论准备。

1.4.2　规范研究

运用审计理论、会计理论、资源与环境经济理论等对草原资源资产价值形成机理、草原资源资产负债表的编制依据及离任审计内容及方法进行研究。

1.4.3　实证研究

包括实地调研与案例分析等。在构建审计评价指标体系时，须参考相关责任者以及专家学者的意见和观点，由专家做出职业判断并打分，这需要借助问卷调查来进行；同时也需要对草原的生态功能进行定期监测和跟踪，通过进一步调研，收集能够确切反映草原生态服务价值的相关数据，进行必要的对比分析。本书整体以河北省张北、丰宁和围场三个地区为例展开研究，相关研究运用了案例分析的方法对部分问题与观点进行佐证。

1.5　主要创新

本书紧密围绕资源资产离任审计这一核心问题，但不是重复相关学者的研究工作，而是结合自身研究方向以及前期成果积累，探索如何解决草原资源资产离任审计这一难题，创新之处主要体现在两个方面。

一是研究立意的创新，以最新制度的出台为背景，充分考虑河北省草原生态系统的特征，构建河北省草原资源资产离任审计实施框架，为河北省领导干部资源资产离任审计制度的完善提供理论参考。

二是研究内容的创新。将草原资源资产负债表的编制要点纳入整体分析框架中，结合草原生态系统的特殊性形成离任审计实施框架，辅以必要的案例研究，探索适用于该类生态系统的离任审计实施路径，为推动河北省生态治理及生态文明建设提供理论依据。

第2章　理论基础和文献综述

　　河北省草原生态系统占京津冀地区国土总面积的12.6%，是该地区一道重要的生态屏障，草原生态环境治理的积极推行对于京津冀地区生态文明建设具有重要意义。草原生态环境治理是一项由政府所主导的系统工程，领导干部能否积极履职直接关乎草原生态环境治理的效果。党的十八届三中全会强调要认真推进自然资源资产离任审计工作；2015年，国家针对此项任务在全国范围布置了若干试点；2017年，中共中央办公厅和国务院办公厅联合印发了《领导干部自然资源资产离任审计规定（试行）》（以下简称《规定》），对该项工作进行了较为全面的部署，明确要求从2018年起，各地要结合实际严格执行，标志着此项工作已正式在全国展开。

　　对领导干部进行自然资源资产离任审计制度自出台以来，大量学者对该项审计制度进行研究，并提出了很多个人观点，其中就有对其相关概念的阐述，但众说纷纭，各有侧重。因此，本章将对该项审计制度的基本概念进行阐述，即对本书的相关基础性概念进行界定，对实施该制度具有指导作用的代表性理论进行介绍，重点阐述制定该制度的政策依据，并梳理国内外相关文献及研究动态，为实施和完善该制度提供理论指导。

2.1 相关概念的界定

2.1.1 领导干部自然资源资产离任审计

1. 自然资源的概念

《辞海》对自然资源的定义是指"天然存在的并有利用价值自然物，如土地、矿藏、气候、水利、生物、森林、海洋太阳能等资源。是生产的原料来源和布局场所"[①]；《中国资源科学百科全书》是这样定义自然资源的：自然界存在的有用自然物，人类可以利用的、自然生成的物质与能量，是人类生存的物质基础[②]；而《不列颠百科全书》将其定义为"人类可以利用的自然生物及其生成源泉的环境能力"[③]。

从以上表述可知，自然资源作为天然产物，生态环境要素，其本身自带使用价值，如水、土地、空气、各种生物等，都是人类生存必需之物，是人类获得物质来源的场所，是人类可持续发展的依仗，各类自然资源无须加工，即可被人类作为生产资料加以开发、利用。同时自然资源稀缺并有限，人类在开发和使用的过程中要以节制为主导，注重效率与效果，确保自然资源生长与被开发、使用处在一个动态平衡的状态。

而我国宪法规定，我国自然资源国有化，受国家开发、利用、保护，可全民共享（法律规定有指定隶属组织的森林资源除外）。政府要采取合法、合规的手段、形式保障自然资源的合理开发、利用，保护特殊物种的生存权利（如野生动植物），严禁任何组织、机构、个人以非法、违规手

[①] 夏征农，陈至立主编. 辞海（第六版缩印本）[M]. 上海：上海辞书出版社，2010：2551.

[②] 孙鸿烈. 中国资源科学百科全书（第一版）[M]. 北京：中国大百科全书出版社，2000：974.

[③] 不列颠百科全书编委会. 不列颠百科全书（第15版）[M]. 北京：中国大百科全书出版社，2007（第20卷）.

段、形式开发、占有、破坏自然资源。

2. 自然资源资产

由于自然资源具有多样性、区域性、复杂性（相互联系、影响），在定义时，各位学者分别给出了自己的观点，皆有所长、各具特点。如朱锦余[①]认为，自然资源资产是指自然界中形成和存在的所有资源，可以被人类社会的发展所利用，为人们的生产生活带来价值和福祉。在会计意义上，资产指由过去的交易、事项带来的，企业实际拥有或享有一定控制权的资源，且预计其能为企业带来经济利益流入。由此可见，作为资产的自然资源，也应该具备两个基本要素：一是自然资源资产控制或所有权归某一主体所有；二是其能为该主体带来经济收益。笔者认为，自然资源资产是指能带来经济利益的，被某一主体控制或所有的，产权归属明晰的自然资源，按属性可分为生物、森林、国土、农业、海洋、气象、水、能源等。

3. 自然资源资产离任审计

我国开展自然资源资产离任审计，以期解决经济发展与生态环境保护之间的矛盾。笔者认为，要想把握自然资源资产离任审计的内涵，先要明确该项审计工作涉及的内容：①审计目标，即帮助领导干部树立和践行绿色发展理念的政绩观，推动领导干部落实有关生态文明体制改革的重大决策部署，以实现资源节约和生态保护。②审计主体是政府审计机关。③审计客体是各级党政机关及相关职能部门领导干部。④审计对象主要基于山水林田湖草及空气质量变化情况，也包括海洋及矿产资源耗用情况。⑤审计内容是对领导干部的政策执行情况进行审核，判断其是否遵守相关条例，是否违背了相关法律规定，同时判定其相关决策的合理性，相关资金调度和项目完成情况以及其他相关责任界定。

就技术方法而言，在传统的审计方法，如查账、核表、实地考察的基

---

① 朱锦余. 审计学（第四版）[M]. 北京: 高等教育出版社, 2019.

础上引入新型技术，例如遥感测绘、物联网系统监测、无人机影像收集等来掌握自然资源资产的实时信息。

在政策执行方面，可以采取专家访谈、问卷调查、实地查证等审计方法。

自然资源资产离任审计实行终身追究责任制，其本质是责任审计。开展工作时，审计机关可依托以往经济责任审计经验，加强自然资源资产审计，作出对应的监督和鉴证。

2.1.2 领导干部草原资源资产离任审计

1. 草原资源

草原资源是草原、草山及其他一切草类资源的总称，包括野生草类和人工种植的草类。草原资源又可以分为可再生资源和不可再生资源：可再生资源包括草原资源中的草场、人工种植的草场和打草场，不可再生资源包括草原资源中的矿产资源等非再生资源。草原资源基本类型有四种：典型草原、荒漠草原、草甸草原和草丛草原。草原资源还具有涵养水源、防风固沙、保持水土等重要作用。这些类型和特点都为核算草原资源的价值提供了依据，是草原资源资产负债表的设计与编制的基础。

2. 草原资源资产及其特性

草原资源资产是指在现有的科技水平和社会经济条件下，由过去的交易或事项形成，可以以货币计量的，其所有权是清晰明确的，并可以被拥有或控制的，预期能够为所有者带来的经济利益的草原资源。草原资源资产的定义一般满足以下几个条件：第一，草原资源资产首先是由过去的交易或事项形成，可以计量的，用价值来体现的，通过公允价值等方法对草原资源资产进行核算；第二，草原资源资产是一种经济资源，能够为其所有者带来经济效益，如果草原破坏或已经严重恶化，而不能够带来经济利益，就不再是草原资源资产；第三，草原资源资产的主权清晰明确，能够被一定的主体所拥有或控制，对其具有开发和使用的权利。这三个条件是对某一项草原资源是否属于草原资源资产范围的重要界定条件，即当某一项资源满足这三个条件时，才属于草原资源资产。

草原资源资产是衡量草原价值大小重要指标，其具有以下几个特性。第一个是所有权的明确性。只有草原资源资产的所有权关系明确，才能更好地保护和管理草原资源。一般来说，草原资源是由政府来管理，使用者为草原资源的所有者——牧民，实际上根据受托责任理论，草原资源的管理者和使用者形成的是一种委托代理关系，这种关系也为草原资源资产的离任审计奠定了基础。第二个是有价值性。根据自然资源价值理论，任何自然资源都有三种价值，一些地方政府片面追求经济增长，导致环境被破坏，使草原资源的价值没有得到充分的体现，这就要求我们要合理地运用草原资源的价值。第三个是可计量性。从上面我们可知，草原资源有三种价值，但是要怎么核算，这也是我们需要思考的问题。草原资源必须要有计量性，允许采用一定的方法来核算草原资源的价值，这样草原资源才能更好发挥它们对于人类的意义。上述三个特性是界定草原资源资产的重要条件。

3.领导干部草原资源资产离任审计的概念

虽然目前学术界对这种审计模式说法不一，但是也存在一定的共同点，笔者经总结发现大致可分为以下两种。

（1）领导干部草原资源资产离任审计是草原环境绩效审计和经济责任审计结合的一种创新审计形式。有学者认为，一方面，领导干部离任审计的主要目的是为了对领导干部任职期间的受托责任履行情况进行审计，调查其是否按照相关规定履行自己的职责。另一方面，草原资源是在特殊的地理范围和一定温度条件下形成的，是一种以禾草为主要植物群落的重要可再生资源，是我国环境保护中的重要环节。由此可见，领导干部草原资源资产离任审计也代表着中国特色社会主义生态文明建设下审计制度的创新。

（2）领导干部草原资源资产离任审计是对领导干部任期内草原资源资产管理和保护情况进行评价和审查的审计。有学者认为，自然资源的离任审计是指审计机关依照一定的审计目标，和政府和主管的有关部门相协调合作，对企业、事业单位和个人进行处理，并依法对草原资源资产和环境保护有关的管理活动进行审计，对领导干部辖区内的草原资源进行监督检查。

综上所述，所谓领导干部草原资源资产离任审计是指国家审计机关根据相关的法律法规对领导干部任职期间草原资源资产的开发、利用和保护责任履职情况进行审计，合理评价其在草原资源资产的管护活动中受托责任的履行情况的一项审计行为。

4.领导干部草原资源资产离任审计目标

这项审计活动是通过检查草原地区保护法律法规的执行情况，草地重点保护项目的建设和运行情况以及与草地有关的资金分配、管理和使用情况，来了解草原资源存量结构和总体规模，揭示领导干部在草原保护、管理和利用中的资产管理责任，保证和促进领导干部对草原资源资产责任的全面有效履行。

5.领导干部草原资源资产离任审计的特征

该定义表明，其是国家审计机关依照国家法规对领导干部资源管理和环境保护责任的履行情况进行系统性、整体性、持续性的审计工作。在复杂的自然环境因素影响下，领导干部草原资源资产离任审计突出表明了地域性、长期性、复杂性与强制性等四个特征。相较于其他自然资源的审计，其审计对象是有生命的牧草，而牧草每年都会有生长期和枯萎期，每年都需要经历返青、生长、成熟、枯萎四个阶段，所以草原资源呈现出了可再生性和生长具有周期性的特征，加大了审计机关进行审计工作的难度。

（1）审计对象具有地域性

不同地区的气候条件存在明显差别，因此领导干部草原资源资产离任审计工作也会面临不同的草原环境，但不同地域的草原可以根据其特点进行细分——可以分为半荒漠半草原、荒漠化草原及草甸草原等多种类别。因此，在审计工作开展过程中，针对不同的草原类别，应当考虑实地审计情况，对采取的审计方法不断进行调整，这样才能更好地应对草原审计的特殊情况。

（2）审计项目具有长期性

领导干部草原资源资产离任审计的长期性是指由于草原生态环境具有复杂性和周期性的特征，所以相关的草原环境审计一定不是短时间内可以完成的，是一项可持续的审计项目。国家审计机关不能仅对固定时段的草原环境进行审计，而是长时间地持续审计监测。领导干部草原资源资产审计所需要的许多数据都是长期监测获得的，前后任领导干部的履职情况需要长期数据的对比。另外，领导干部履职情况的调查内容都是以"任期"为单位，这也意味着审计人员需要关注的审计内容也是一段时间内领导干部的决策情况。因此，领导干部草原资源资产离任审计工作既要遵循草原环境生长的周期性规律，也要关注领导干部的任职时间。审计项目不可避免地具有长期性。

（3）评价标准具有复杂性

该项审计的评价标准有赖于相关数据的获取及筛选分析。草原资源资产审计的数据不仅仅源于草原地区政府治理监管部门，尤其需要草原天然资源数据以及草原经济活动数据，这也决定了该项审计相应的评价标准应当关注各个方面。另外，对草原环境的后续发展能力进行评价，需要构建出草原资源资产离任审计的评价标准体系，对各类数据不断筛选分析，选取合适的评价指标。综上，该项审计评价标准体系的建立本身就需要较强的专业技术分析，再加上草原资源资产审计数据获取及分析的专业性，所以评价标准需要考虑多方面的因素，复杂性也在逐步增强。

（4）审计执行具有强制性

领导干部草原资源资产离任审计的强制性，是指该项审计工作是按照国家统一规定，审计机关强制对领导干部辖区内的草原资源管理状况进行审计。由于草原地区自然环境的面积较大，监管所耗费的人力物力巨大且成效并不高，导致社会公众无法自行组织对草原资源资产的审计工作。但是，草原资源资产的审计对草原地区的可持续发展具有重要意义，因此国家要求设立专门的政府部门开展审计活动，负责对领导干部的草原管理活动进行审计，查处领导干部任职期间在草原生态建设方面的违法违规行为，并进行处罚和整改，运用强制手段来保证我国草原地区的监督检查工作得以开展。

2.2 自然资源资产离任审计的相关理论

审计是经济社会发展的产物，并且随着经济社会的发展而不断进步。领导干部草原资源资产离任审计是一项涉及众多领域的交叉学科，由于其复杂的特征，在研究领导干部草原资源资产审计工作时应将审计方面的知识与生态学、经济学、环境学、社会学和公共管理学等相结合。领导干部草原资源资产离任审计始于领导干部所承担的公共受托环境责任，其最终目标是通过对领导干部资源环境责任意识的提高，实现经济生态可持续发展。公共受托责任理论、可持续发展理论、环境经济学、环境管理学相关理论及企业财务与价值理论，为草原资源资产负债表的编制及离任审计工作提供了理论依据，在此基础上构建了领导干部草原资源资产离任审计的系统分析框架。

2.2.1 公共受托责任理论

受托责任关系在社会中是一种非常普遍的经济关系。一方面，公共受托责任理论是受托责任这一经济关系在社会公共范围的发展和拓宽；另一方面，公共受托责任也对受托责任相对人的范围进行了界定，特指社会公众与政府两者，在社会公共领域中他们形成了一种委托人和受托人的相对关系。而在社会主义制度下，人民是国家的主人，为提高国家治理的效率，政府就会作为公权力的执行者，所以在这样的受托责任的关系中，社会公众自然成为委托人，政府就成为受托人。政府承担着多方面发展国家综合实力的受托责任，而草原资源资产的保护对社会的可持续发展是不可或缺的，政府的受托责任应该涵盖对草原资源资产的受托管理，因此政府应妥善管理、利用、开发和保护好草原资源资产，履行公众受托责任义务，满足社会公众对草原资源保护与发展的需求。

另外，由于社会公众与政府之间存在着受托关系，如果双方在信息沟通上存在着不对称，很可能给公众利益造成一定的损失。特别是目前，我国在草原资源保护和利用过程中产生的问题较多，这也促使公众渴望更多地了解政府对草原资源保护、开发和利用责任的履行情况。公众对受托责任关系中信息披露的需求，推动了领导干部草原资源资产离任审计制度的形成，要求领导干部不仅要关注经济层面的发展，同时还要兼顾草原资源的科学、可持续地开发利用，这也是对地方政府履行受托责任的新要求。

2.2.2　可持续发展理论

可持续发展理论产生于1970年左右，联合国环境部在1980年发表的文章"Our Common Future"标志着可持续发展理论的引入。可持续发展理将既不影响子孙后代需求、又要满足现代人的需求作为基本的发展理念，将公平性、可持续性和社会性作为三项基本原则，以实现共同协调、公平、高效和多维的发展作为目标。可持续发展不仅必须发展经济和促进社会发展，而且还不能提取额外的资源或破坏人类生存所必需的环境，以确保子孙后代能够生存和繁衍。可持续发展理论源于环境保护问题，但又不局限于传统的环境保护思想，它是社会经济发展以及关系人类命运的战略思想。

可持续发展理论是草源资源资产离任审计非常基础的宏观理论依据，并且是创建、改进和实施适合的审计制度的理论基础。可持续发展理论认为，人类生产和生活对生态系统的影响不应超过其实际承载能力，因此，在开发和利用草原资源时，必须注意合理性、科学性和效率性原则，这也是政府部门对草原资源加强管理的目的。可持续发展理论能够极大地促进政府部门在草原资产管理中提高科学性和效率性。

2.2.3 环境经济学理论

环境经济学是探索环境保护和经济发展之间平衡的学科，也是经济学原理和环境科学知识相结合，针对性解决现实问题的一门学科。很长一段时间以来，发展经济都不可避免地会污染环境，而环境污染会对社会公众产生广泛且深远的影响。要解决这一矛盾，在经济学研究中就必须引入环境保护和生态科学的内容，为人们面对和解决环境问题提供了经济分析的一种视角，同时也丰富了经济学中人类行为与自然环境发展的关联性这一研究，帮助人们更好地解决环境保护危机，实现经济与环境和谐发展。

草原资源资产具有具体的实物形态，同时也是一种有经济价值的资产，是经济财富一种特殊载体，因此有必要针对草原资产创建对应的核算账户、再折算成一定的货币单位进行计量，但前提就是要科学合理地对草原资源资产进行定价。草原资源资产的计量绝不仅限于数量上，且其本身具有稀缺性，科学合理地核定价格就十分复杂和困难。目前，我国自然资源资产的定价方法还处于探索的初级阶段，各种自然资源的价格普遍不能反映资源的全部价值。在环境经济学理论指导下，学者们还想综合经济学和环境科学等多学科的理论方法，助推帮助草原资源资产价值的货币化计量，提高运用货币化指标明确相关活动主体经济责任的能力，为开展领导干部草原资源资产离任审计提供了内容和方法上的理论指导。

2.2.4 权力监督理论

在我国，一切权力属于人民，通过宪法及相关法律，人民将国家权力委托给国家机关及领导干部，所以他们必须在宪法和法律限定的范围内行使权力，并且应该受到制约和监督。通过对权力的监督，可以达到促进公共权力执行者行为的合法合规的目的。作为公共权力的重要组成部分——审计机关的审计监督权力，就实质而言，是一种对权力进行监督的权力，而并非一般的权力。[①]党的十九届四中全会也对权力的运行加强了监督，对完善国家监督体系做出了具体要求，并指出要继续发挥审计监督的重要作用。自然资源资产管理的职能部门作为权力的行使主体，应该受到制约和监督，而领导干部草原资源资产管理离任审计能够很好地达到监督的目的，能够进行合法、合理和有效的监督。同时，审计监督不会妨碍被审计单位的正常工作秩序，能够促进被审计单位和被审计领导遵守草原资源资产管理相关法律法规，切实履行合理开发利用的职责。

2.2.5 外部环境理论

外部环境理论，是指审计赖以生存和发展的境况和条件，是影响审计活动完成其自身职能的全部外部条件的集合。如果外部环境的运行出现阻碍，会导致市场失衡，资源配置失效等情况。审计环境是指在审计系统外部，影响审计工作进度的各种因素，包括政治，经济，法律，社会和文化环境。审计的产生和发展受审计环境的影响。审计环境的变化可以推动审计目标、方法、技术、实践和指导方针的变更。对于草原资源资产审计，

[①] 李博英，尹海涛. 领导干部自然资源资产离任审计的理论基础与方法 [J]. 审计研究，2016（05）：32-37.

关于外部环境方面，就是在经济由高速发展模式转变为和谐健康的发展模式，社会发展的资源环境需要受到重视，公民的草原环境保护意识增强，所需要的一种新兴的审计方式。其产生发展，顺应时代的需要，符合外部环境的需要。

2.2.6 环境会计理论

1970年，马林（Marlin J.T）撰写的《污染的会计问题》和比蒙斯（Beams F.A）撰写的《控制污染的社会成本转换研究》两篇文章的发表，代表了新兴的环境会计正式进入了人们的视野。环境会计理论有两个明确的内涵，第一个是环境的效用性，即环境满足人类生存和发展的效用；第二个是环境的稀缺性，强调合理有效地利用环境资源。从现在的发展趋势看，环境会计理论延伸到了政府的角度，政府可以通过对环境资源赋值价格来核算其价值，从而进一步可以确认和计量环境资源的价值，进而可以采用相同的方法来核算出自然资源耗费支出、环境保护支出等等。环境会计分为环境资产和环境负债，政府可以核算和计量环境资源的资产和负债价值，这些环境会计理论都为草原资源资产负债表的编制提供理论上的指导。探索和编制草原资源资产负债表，有两个重要的目的。环境会计是实行草原资源资产离任审计的基础，对于本书研究目的的实现，有着重要的意义。环境会计理论研究领域丰富的成果，可以为草原资源资产负债表研究提供实践方面的指导，而草原资源资产负债表的编制也将反作用于政府对宏观环境会计体系的构建。

2.2.7 国家资产负债表理论

国家资产负债表是将编制企业财务报表的经验和方法运用于某一个经济体，再将经济体在某一时点所包含的经济部门的所有资产和负债分类并加总列报，从而可以得出反映该国经济体总量的国家资产负债表。

从20世纪七八十年代开始，西方一些国家纷纷开始研究和试编具有本国特色的国家资产负债表，例如加拿大、捷克、英国、瑞典等国。当时盛行的国家资产负债表成为各国研究和调控国内宏观经济的重要工具，也是各国评估本国主权债务风险的重要方法。到了20世纪90年代，众多的经济学家把研究范围扩大了，开始研究政府或某一公共部门的资产负债表，与此同时，在许多已经编制国家资产负债表的国家，重新定义和增添了资产和负债的内容，公共部门的资产不仅包括了有关经济体的金融资产，也开始包括自然资源，例如有森林资源、草原资源和土地资源等。从西方国家的资产负债表研究和发展过程来看，各国都积极地把自然资源作为表中的资产项目列入资产负债表中，这些经验和方法为草原资源资产负债表的探索和研究提供了理论基础和技术指导，为草原资源资产负债表的价值计量和框架设计提供了依据。

2.3 相关制度及依据

2.3.1 领导干部自然资源资产离任审计制度的发展历程

1. 21世纪以来，我国对领导干部自然资源资产离任审计的落实不到位，环境污染形势严峻，生态系统退化等一系列问题如同一座大山压在我们头顶。2012年11月召开的党的十八大明确了"五位一体"的总布局，顺应新时代要求将生态文明建设纳入建设体系当中。次年《中共中央关于全面深化改革若干重大问题的决定》中首次明确提出了自然资源资产离任审计的定义，要求绘制自然资源资产负债表，在领导干部审计内容中辟设一章，专门增添自然资源资产离任审计部分，将审计工作涉及领域进一步深入至生态层面。同年印发的《关于开展"四风"突出问题专项整治和加强制度建设的通知》明确强调在今后的工作中，要更好发挥审计的作用。随后为了进一步加强对党员领导干部的管理，印发的《关于改进地方党政领导班子和领导干部政绩考核工作通知》建议在改进领导干部绩效考核指标时，将生态文明建设指标作为评估的重要内容之一，增加资源消耗和环境保护等指标权重，更加全面地考察领导干部在生态建设层面的作为。2014年12月，李克强总理再次明确强调有必要思考审计工作的新常态，并要求逐步开始探索自然资源资产的离任审计。《生态环境监测网络建设方案》《关于加快推进生态文明建设的意见》《生态环境监测网络建设方案》等完善生态领域建设的法规相继提出，为自然资源资产离任审计领域的探索注入一剂催化剂。2015年9月，中共中央、国务院印发《生态文明体制改革总体方案》，使自然资源资产的公有性进入大众视野，为众人所知，也为更好地开展领导干部自然资源资产离任审计做好铺垫。

2. 党的十九大前领导干部自然资源资产离任审计的初步运行

在党的十八届三中全会为自然资源资产离任审计正名后，2015年11月，中央办公厅和国务院印发了《自然资源资产离任审计试点实施方案》，率先进入自然资源资产离任审计试点探索阶段。审计部门牵头，省级审计机关统一组织，地方审计机关根据当地情况进行试点安排，逐步在全国范围内开展试点工作。2016年5月，《"十三五"国家审计工作发展规划》明确提出将于2018年起全面实施，到2020年将建立起相对完善的自然资源资产离任审计制度。2017年6月，习近平总书记在京主持召开中央会议，通过了《领导干部自然资源资产离任审计规定（试行）》，标志我国正式制定了一项新的常规审计制度。《规定》的发布是我国生态文明制度建设的重大举措，是当前审计制度改革的重要内容，也是审计机关更好发挥作用的崭新平台。从2015年全国审计试点工作开展以来，截至2021年10月全国共计开展审计项目约1 027个，涉及被审计领导干部3 210人，两年来各试点地区的工作实践既积累了宝贵的项目经验，也为规定的出台奠定了坚实的实践基础。试点省市涉及浙江、山东、福建、四川、湖北等10个省市，表2-1是笔者所能搜集到的统计资料，罗列了2015年至2017年我国重点省份开展领导干部自然资源资产离任审计试点工作的情况。

表2-1 我国重点省份领导干部自然资源资产离任审计试点工作情况

试点省市	试点开始时间	试点情况
浙江	2015年	在湖州、金华、宁波、杭州等市县陆续展开
山东	2015年	1.以青岛胶州市为起点，覆盖市、县、乡三级；首个开展海洋自然资源资产离任审计试点；
	2017年	2.日照：审计试点内容涵盖5方面
贵州	2015年	将赤水市、荔波县作为起点，是全国第一个开展审计并出具审计结果的地方
四川	2016年	绵阳：先制定指标试点实施，后建立台账，长期推进，评估结论，同时提出改进意见
湖北	2016年	出台《审计操作指南（试行）》，审计试点全面铺开
福建	2016年	宁德：围绕六大重点审计领域将审计范围扩展到县级； 福州：首次尝试对领导干部履行自然资源资产管理和环境保护责任的审计和评价
山西	2016年	从朔州开始进行审计，重点强调关于审计问责机制的探索
云南	2016年	昆明市、大理州：相继在喜洲镇、桥湾镇、银桥镇进行审计试点
	2017年	文山壮族苗族自治州，开展9个审计项目
宁夏	2017年	吴忠市首先展开
深圳	2016年	宝安区、大鹏：以自然资源资产负债表为量化依据展开

3. 党的十九大后领导干部自然资源资产离任审计的全面运行

党的十九大报告明确指出，人与自然是生命的共同体，人类必须尊重、顺应和保护自然。对生态环境监管体制进行改革，成立两个机构，完善管理生态环境的制度，行驶统一自然资源资产所有者职责。在2018年两会期间，国务院机构进行整改，组建了自然资源部、生态环境部，并且进一步优化了审计署的职责。此外，为了适应新时代审计的发展，更好地发挥审计监督的作用，根据中共中央印发的《深化国家机构改革方案》，成立了中央审计委员会，加强党中央对审计工作的领导，努力构建起集中统一、全面覆盖、权威高效的审计监督体系。2018年3月1日起，领导干部自然资源资产离任审计制度正式由试点阶段进入全面推广阶段。截至目前，全国各地已陆续开始自然资源离任审计的运行，下面以两个突出运行城市为例，简单说明推行情况。

（1）江苏省无锡市：四措并举为制度运行保驾护航

为了有效开展自然资源资产离任审计，江苏省无锡市政府高度重视并多次召开相关会议。连续两年将此项工作作为政府工作的重点之一。2017年8月印发的《无锡市环境保护工作责任条例（试行）》明确了审计部门的重要职责之一，就是要对即将离任的领导干部进行自然资源的审核，重点审核资源环境保护法律法规，政策的实施和资源环境保护责任制的实施。截至目前，无锡审计系统已实施了五个自然资源资产离任审计试点项目，并稳步推进这项工作，具体采取了以下四项措施。

第一是构建多部门的协调机制。2018年2月，无锡市正式建立了自然资源资产审计协调机制。新印发的《领导干部自然资源资产离职审计协调领导小组工作细则》规定了领导班子的组织结构，主要职责和日常工作机制。审计部门明确财政、国土资源、环保、水利、园林及统计等部门将充分参与其中。各成员单位逐步建立或整合现有数据平台，为自然资源资产离任审计提供数据共享、专业支持和制度保障，确保审计机构深入开展审计。

第二是市局先行先试，起到模范带头作用。市审计局组织实施了西山区、惠山区和新武区等区域的领导干部自然资源资产审计，迅速找到问题并提出针对性的处理意见和建议。

第三是良好的城市跟进系统，城市（县）区充分利用这一势头，深入学习文件精神，巩固理论基础；进行经验交流与讨论，以制定审计意见；充分发挥"上带下"的引领和指导作用；组织集中培训，采用个人辅导等方式，促进县（市）根据当地情况进行试点审计。

第四是利用互联网信息技术将审计准确性上升一个水平。在探索的过程中，无锡市大胆创新，逐步探索了一套有效的审计实务审计方法。巧妙地将国土"一张图"系统[①]和 GIS 地理信息系统运用到审计数据的采集和查询分析之中，充分发挥互联网的作用，探索高效便捷的审计方法。

（2）江苏省宜兴市："四张图"模式探索

宜兴市以湖㳇镇为支点，走出一条转型发展新路。在开展审计工作的过程中，始终将绿色发展路径与被审计领导任职期间履行生态环境保护责任情况作为主线，根据当地情况，重点检查生态环境保护约束指标和生态红线评估指标。在项目开发过程中，尝试探索 Goole 地图、CAD、叠加分析等软件技术的使用，初步构建和使用评价指标体系图，防护地图对比图，污水管网趋势图和生态公益林地形图。

首先，在充分获取市土地、农业、林业及环境保护等部门的数据的基础上，按照自然资源资产离任审计的要求初步建立乡镇共同指标体系和符合湖㳇镇发展特点的个性指标图。重点对土地利用状况、生态红线保护状况进行监管。

其次，充分利用航空地图和卫星地图来比较相关的地块。利用国家领土"一个地图"系统的技术支持，通过机载电影和执法卫星之间的比较以及被审计领导人接任和离职时的监测地图，找出地貌特征发生明显变化的土地，进一步分析建设项目的审批总账，找出审计中存在的问题。然后，根据湖㳇镇污水主网的趋势图、施工进度图、重污染工业企业的地理地图，重点关注污水主网覆盖。针对有管理条件但尚未管理的企业，确保责任准确定位到相关企业单位，找准源头。

---

① 国土"一张图"系统是指：将行政监管系统与基础地理信息进行叠加，共同构建统一的综合监管平台，实现自然资源资产动态监管的目标——笔者注

最后，叠加分析 Goole 地图与生态公益林地形图。重点关注林业保护措施履行情况。

从上述两个城市的例子可以看出，目前我国领导干部自然资源资产离任审计处于全面运行阶段，各地根据当地情况探索了具有地方特色的审计方法，为此项审计持续长久运行抛砖引玉，也为改进与完善我国的审计方式提供了经验。

2.3.2　构建领导干部自然资源资产离任审计制度的必要性

1. 加强生态文明建设的需要

党中央"五位一体"的战略部署加快了生态文明建设的步伐，将其提上建设的轨道，创建了生态文明建设的高度，充分体现了人们对社会主义现代化规律的认识是与时俱进的。自然资源资产离任审计的推行，是事关人民福祉、影响民族复兴的长远大计。推行与完善领导干部自然资源资产离任审计，极大调动了公众参与生态文明建设的积极性，寻求城市发展、自然资源的利用、生态文明的建设三者之间的平衡点，将自然与资源环境审计与经济责任审计融合，进一步完善自然资源资产产权制度，补齐我国过去在自然资源资产领域的短板。同时，在自然资源资产与外部经济环境相互作用之下，促使自然资源资产离任审计的发展，有效提高各级政府和社会组织的环境意识和环境责任，最终促进生态文明建设的发展步伐和国家治理能力和治理体系的现代化。

2. 促进党风廉政建设的必要

大到一个单位、小到一个部门绝大部分事情都是由一把手决定的，如果一把手纪律观念单薄，内部监督乏力，外部监督机制又不健全，很容易出现问题。自然资源资产离任审计作为一项制度，既是生态文明建设的产物，也是对以往经济责任审计的补充与发展。它有效地将监督机制引入对领导干部的管理之中，开辟了一条反腐倡廉的新途径，鼓励领导干部增强自律意识和环境保护意识，努力减少错误。通过审计，对查出的领导干部不廉洁行为进行严肃处理，为所犯下的"生态错误"埋单，对其他干部也会起到警示作用，在一定程度上惩治腐败，纯洁了党员队伍，推动党风廉政建设的新发展。

3. 完善干部管理监督制度的要求

长期以来，由于种种原因，行政机关、企业单位领导干部的考核手段和形式比较单一，在很大程度上容易受个人情况和表面现象的蒙蔽。随着社会主义市场经济的新发展以及生态形势严峻的挑战，涉及自然资源资产方面的问题，组织、人事部门过去的定性考核方式难以为继，尤其是涉及生态领域方面，更是不易把握。领导干部自然资源资产离任审计，纠正了以往"唯GDP论英雄"的观念，强调干部的整治，要求不能只搞形象面子工程，不能以牺牲生态环境、百姓利益等为代价。依托自然资源资产相关指标，针对领导干部在职期间内在生态方针的落实程度、生态业绩等方面进行考察，真实地反映情况，使得干部管理考核制度更深入、更科学。同时，也有利于及时发现问题，避免因失察而任用不称职的干部而使得生态工作蒙受不必要的损失。

2.4 文献综述

2.4.1 国外相关研究梳理

自然资源资产离任审计有着鲜明的中国特色，在充分结合生态资源环境审计和领导干部经济责任审计基础上，重点对领导干部自然资源资产保护的履职情况进行评价。欧美国家没有开展自然资源资产方面的离任审计工作，故未形成此领域的研究成果。但国外学者针对自然资源环境审计问题进行了一系列的研究，相关学者在基本概念和基本理论方面形成的研究成果对本课题有一定的参考价值。国外的学者和研究人员从1960年开始关注关于自然资源资产审计的相关问题，蕾切尔·卡森（Rachel Carson）在1962年就曾指出，在资源环境保护和经济利益的博弈中，政府的意见与生态专家意见不一致。长期以来，政府过度地追逐经济利益，使得环境受到了很大程度的损害，也会损害经济利益，环境保护与经济发展的矛盾只会愈演愈烈。为了缓解经济发展与环境保护的矛盾，政府担任着重要的角色，要切实履行好责任和引导作用，将关注的重点从经济利益扭转成经济利益与环境保护并重上来，引导企业和公众更加关注生态安全。在审计实践方面，美国、英国和德国等国家都对水资源、矿产、森林等自然资源建立起相对成熟的技术标准或者环境法律法规，为政府机关进行自然资源资产审计提供了法律依据。审计理论研究方面，包括玛格丽特·莱特博迪（Margaret Lightbody）、赫普勒和诺伊曼（Hepler J. A. & Neumann C.）、马丁诺夫—本尼（Nonna Martinov—Bennie）等学者对自然资源资产审计的方法和目标等方面都进行了一些探索。

2.4.2　国内研究现状分析

领导干部自然资源资产离任审计实践国内是近些年才开始的，理论层面的研究并不丰富。目前，国内学者针对此项工作开展的研究主要集中在理论框架、审计主体和目标以及实施过程等方面。理论方面，该项工作的有效推进离不开对于政治因素的充分考虑，明确党政领导干部责任是其有效推行的重要前提（刘长翠等，2014）[①]；对自然资源资产所附着的受托责任进行合理评价与监督是很有必要的，政府是自然资源资产管理的受托方，相关领导干部应承担自然资源开发、利用和保护的主要责任（张婷，

---

① 刘长翠，张宏亮，黄文思. 资源环境审计的环境：结构、影响与优化［J］. 审计研究，2014（03）：38-42.

2015）①。理论与实践融合方面，既有的资源生态环境审计理论体系并不一定能够完全契合具体实践工作（林忠华，2014）②；而刘儒昞和王海滨（2017）③特别指出，在生态文明重要战略背景下，该项工作中所涉及的审计内容是职能部门责任履行评价和经济责任考评的有力支撑点，也是生态资源环境审计必不可少的环节，性质较为特殊。审计主体及目标方面，陈献东（2016）④研究指出，该领域的审计主体不能仅局限于各级审计机关，中介和内审机构以及社会公众亦应涵盖其中。事实上，该领域应当以明确领导干部生态文明建设责任作为总体目标，审计内容应倾向于自然资源资产的管理水平、重大决策事项以及自然资源资产政策法规的执行情况（薛芬和李欣，2016）⑤。实施过程方面，钱水祥（2016）⑥强调，该政策的有效执行需要如下几个方面的支撑：自然资源资产范围的明确界定、自然资源资产信息的共享、审计专业水平的提升、自然资源资产的合理量化与估值等。草原资源资产离任审计研究方面，王振铎和张心灵（2017）⑦认为，草原实物量、价值量的测定标准不明确，自然因素在其中所发挥的正面和负面作用难以剥离出来。张心灵和刘宇晨（2016）⑧特别强调，草原资源资产负债表的编制是该领域审计工作有效开展的一项重要前提，草原资源资

① 张婷. 我国自然资源资产离任审计研究现状述评与改革建议［J］. 商业会计, 2015（24）: 14–20.

② 林忠华. 领导干部自然资源资产离任审计探讨［J］. 审计研究, 2014（05）: 10–14.

③ 刘儒昞, 王海滨. 领导干部自然资源资产离任审计演化分析［J］. 审计研究. 2017（04）: 32–38.

④ 陈献东. 开展领导干部自然资源资产离任审计的若干思考［J］. 审计研究, 2016（09）: 15–19.

⑤ 薛芬, 李欣. 自然资源资产离任审计实施框架研究——以创新驱动发展为导向［J］. 审计与经济研究, 2016（06）: 20–27.

⑥ 钱水祥. 领导干部自然资源资产离任审计研究［J］. 浙江社会科学, 2016（03）: 151–155.

⑦ 王振铎, 张心灵. 领导干部草原资源资产离任审计内容研究——基于内蒙古自治区审计实践［J］. 审计研究. 2017（02）: 31–39.

⑧ 张心灵, 刘宇晨. 草原资源资产负债表编制的探究［J］. 会计之友, 2016（18）: 10–14.

产实物量与价值量的内容及结构是决定离任审计工作质量的关键因素。

综上,学界已在自然资源资产离任审计领域积累了一定的研究成果,呈现出多层面、广角度的趋势,但仍存在一些不足:第一,视角上,相关成果侧重于理论研究,具体执行层面的研究成果相对较少;第二,内容上,更重视宏观层面及总体框架的研究,对于不同类别自然资源资产(例如水资源、矿产资源开采、草原资源、土地资源等)的研究有待进一步深化,专门针对草原生态系统的相关研究成果相对不足;第三,研究边界上,部分研究混淆了自然资源环境审计、经济责任审计与自然资源资产离任审计的范围和边界;第四,研究方法上,过分注重传统审计方法在该领域的运用,忽视了与其他学科的交叉与融合。基于此,本书以《规定》为制度背景,按照"政策解读—制度优化与完善—目标落地"的研究思路,针对河北省草原资源资产的属性特征,从框架构建与实施路径选择的角度,最终形成河北省草原资源资产领导干部离任审计工作开展的参考指南,以期解决"审什么、怎么审、如何进行评价定责"等问题,进一步明确草原生态环境治理责任,强化制度保障,推进河北省及京津冀地区的生态文明建设。

第3章　河北省草原资源资产离任审计的实施基础

本章系统梳理了离任审计相关理论及其在森林、流域、土地资源以及矿产开发等领域的前期应用；明确了草原资源资产的价值构成要素，探讨了草原资源资产的经济价值与生态价值变动规律；并以离任审计作为出发点，厘清草原资源资产负债表的编制要点，对其中资产、负债及净资产三类要素的确认、分类以及计量问题进行了深入分析，探讨草原资源资产负债表在离任审计中的应用；最后，以草原资源资产负债表中的核心要素和相关部门统计监测数据为基础，确定离任审计工作的目标，在此基础上进一步明确审计主体、审计客体以及审计结果的预期使用者。

3.1　前期应用

3.1.1　自然资源资产离任审计责任界定的理论框架

1.责任界定方面的前期应用

根据可持续发展理论、受托责任理论以及环境经济学理论等，自然资源资产和生态环境作为公共物品，关系到人民群众的方方面面，理当对其进行监督和管理。基于2013年12月10日中央经济工作会议上提出来的"稳增长、促改革、调结构、惠民生、防风险"的目的，以及目前我国部分地方的具体环境情况，需要开展自然资源资产离任审计工作并进行责任的界定。根据2014—2018年的审计公告来看，截止到2020年12月，审计署共计披露24份《稳增长促改革调结构惠民生防风险政策措施贯彻落实情况跟踪审计》（以下简称《政策措施贯彻落实情况跟踪审计》）报告。在每一份《政策措施贯彻落实情况跟踪审计》报告中，都重点说明了自然资源资产及环境保护现状，披露了全国各地的不同情况。以2020年第三季度国家重大政策措施落实情况跟踪审计结果为例，审计署公告了审计过程中发现的主要环境问题：部分地区环保项目建设进展缓慢及存在建成之后闲置浪费的现象，部分地区的淘汰黄标车等污染防治未实现目标，部分地区污水和垃圾未有效处理，部分地区的饮用水水源地保护不到位。

审计署还组织开展打击环境违法行为专项行动，对于审计中发现的重要问题，依法移交至质检部门、海关部门、公安部门和环保部门查处，并将整改措施落实到位。如对宁夏回族自治区盐池县违规在哈巴湖国家级自然保护区内新建50个养殖场问题的处理，具体整改情况是：盐池县人民政府及时组织有关部门入户协调整治，补偿养殖户建设成本，拆除违规建设的养殖场，并给予5名相关责任人员党内严重警告等处分，还制定了贫困村后续产业发展扶持工作方案，着力促进贫困村经济与环境可持续发展。在对湖南省永兴县太和工业园周边土壤治理工程项目应完工未完工问题的处理上，湖南省人民政府责成永兴县人民政府协调施工单位及时完善工程技术方案，加快推进土壤污染治理工作。截至2018年9月底，该项目已完工，修复太和工业园周边重金属污染土壤13.04万平方米，土壤表层和地下水已达到相关环境标准。

基于以上全国各地所存在的环境问题以及所造成的环境污染的后果，开展自然资源资产离任审计并进行责任的界定符合实际情况的需要。同时近几年以来，全国多地已经开始了自然资源资产离任审计的试点工作。广东省、江苏省、山东省、安徽省多地的开展如火如荼，形成了一些值得借鉴的经验。由此看来，开展自然资源资产离任审计工作在数量上逐渐增加，在质量上也进一步优化，自然资源资产离任审计责任的界定在前期应

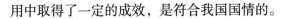

用中取得了一定的成效，是符合我国国情的。

2. 责任界定内容的前期应用

领导干部的环境责任与财政财务经济责任相比，财政财务经济责任的内容更好确定。审计机关可以根据领导干部的职责权限和履行财政财务经济责任的情况和实际情况，依法依规确定审计的内容。如对地方各级党委主要领导干部财政财务经济责任界定的内容包括：贯彻执行党和国家、上级党委和政府重大经济方针政策及决策部署情况；遵守法律法规和财经纪律情况；领导本地区经济工作，统筹本地区经济社会发展战略和规划，以及政策措施制定情况及效果；重大经济决策情况；本地区财政收支总量和结构、预算安排和重大调整等情况；地方政府性债务的举借、用途和风险管控等情况；政府投资和以政府投资为主的重大项目的研究决策情况；对党委有关工作部门管理和使用的重大专项资金的监管情况，以及厉行节约反对浪费情况；履行有关党风廉政建设第一责任人职责情况，以及本人遵守有关廉洁从政规定情况；对以往审计中发现问题的督促整改情况等。①

然而，由于自然资源资产离任审计实施时间不长，环境责任界定的内容对审计人员来说较为生疏，加上缺乏系统的环境会计和统计资料，缺乏环境预算与决算资料，环境治理的目标与效果难以衡量，领导干部的管理行为与环境数据之间缺乏勾连，难以形成一一对应的关系，因此环境责任的内容更为复杂。

开展自然资源资产离任审计并进行责任的界定，其目的是通过编制自然资源资产负债表，强化领导干部对自然资源资产和生态环境的责任，帮助其履行正确的职责，树立正确的政绩观，推动生态环境保护和实现可持续的发展。自然资源资产离任审计责任界定的内容围绕的是自然资源资产和生态环境保护、对破坏自然资源和生态环境行为的预防与惩治，对造成破坏和污染的环境进行修复和改善等。由于自然资源资产离任审计与经济

---

① 党政主要领导干部和国有企业领导人员经济责任审计规定实施细则［EB/OL］. http://www.hebigbz.gov.cn/fuxing/jbjc/101489997814097.html.

责任审计有密不可分的联系，那么其审计的内容既需要考虑《党政主要领导干部和国有企业领导人员经济责任审计规划实施细则》，又要考虑资源环境审计的内容，因此，审计内容应当涵盖自然资源资产的使用情况、管理情况和监管情况。具体来说，审计的范围包括：水资源、海洋资源（包括海洋中的各种物质和能量）、森林资源、矿产资源（包括煤、石油、天然气等）、土地资源（包括耕地、林地等）和大气等。其中，自然资源资产的使用情况指的是在可持续发展理论的指导下，领导干部在任期内对于自然资源资产的使用情况是否会造成损失和浪费，是否会影响后代的使用情况等；自然资源资产的管理情况指的是能否建立健全相关的管理体制，对于自然资源资产的领用、开发等是否经过了合理论证以及可行性研究，是否具有环评报告等；自然资源资产的监督情况指的是是否已经形成了政府、企业和公众为一体的监督机制，包括责任追究机制和损害赔偿机制。

根据国家相关政策和理论界已有的观点，以及国内外专家学者对于环境责任的现状研究，参照领导干部经济责任界定的内容，可以确定责任界定的具体内容，并在前期实际应用。自然资源资产离任审计责任界定主要围绕的是政策执行、自然资源资产管理、约束性指标的完成、资金征管使用、建立预警机制等方面，重点揭示自然资源资产相关政策法规执行情况、资源环境项目的基本状况、资源环境专项资金的筹集和使用情况、重大资源环境事故的预防及管理、与环境保护等方面有关特定的违规问题。

3.责任界定方法的前期应用

因为审计人员擅长财务，是查账高手，再加上领导干部在其任期内的财政财务基础数据比较完备，数据与领导干部的管理行为能够形成对应和因果关系，容易追溯和勾连。界定领导干部的经济责任通常可以从以下几个方面入手：①审查会议纪要，对于其中记录的并多次提到的经济活动列为审计重点，检查其合同、凭证、账簿、经济往来等情况，对其经济流向有一个全过程的监督；②重点把控经济活动中的薄弱环节和审计风险点，掌握审计的突破口，抓住违纪违规的线索，并进行深入调查；③合理把控领导干部的职责范围，将财政财务收支对应到领导干部的具体责任中；④将审计取证的方法及审计分析的技巧综合运用于经济责任界定的全过程，保证经济责任的高效界定，等等。

由于篇幅所限，笔者对每个具体方法不加以详细论述。

3.1.2　自然资源资产离任审计责任界定的实践

2017年底印发的《领导干部自然资源资产离任审计规定（试行）》已经明确规定开展审计工作应当遵循的原则、审计内容和审计重点难点等。2017年全国审计工作会议也明确提出，要做好2018年各项工作，必须要扎实开展领导干部自然资源资产离任审计。目前，全国已经有多个地区对自然资源资产离任审计的责任界定进行了有益的探索，已经形成了一些好的经验供其他地区参考，但是一些不足之处仍然存在。

1.审计实践中责任界定采取的主要做法

（1）责任界定的法规制度依据

目前，我国进行自然资源资产离任审计的法律法规依据包括《中华人民共和国宪法》《中华人民共和国审计法》《中华人民共和国审计法实施条例》，以及其他有关审计方面的法律、行政法规、地方性法规和规章等规范性法律文件，这些文件对于审计工作的开展和责任的界定都具有一定的规范意义。

自然资源资产离任审计是根据时代的发展应运而生的。党的十八大提出要将生态文明建设放在突出的位置，党的十九大提出，必须树立"绿水青山就是金山银山"的理念，坚定走生产发展、生活富裕、生态良好的文明发展道路，建设美丽中国。2014年，审计署等七部委联合印发了《党政主要领导干部和国有企业领导人员经济责任审计规划实施细则》，首次明确将自然资源资产的开发利用和保护情况作为领导干部经济责任审计的主要内容。2016年，审计署发布《"十三五"国家审计工作发展规划》

（以下简称《规划》），明确开展领导干部自然资源资产离任审计工作并在2018年全面推开，2020年建立完善的自然资源资产离任审计制度，通过实行审计，促进领导干部能够切实履行其应当承担的环境责任。2017年年底，中共中央办公厅、国务院办公厅印发了《领导干部自然资源资产离任审计规定（试行）》（以下简称《规定》）。《规定》的颁布，对于领导干部牢固树立并践行新发展理念，促进自然资源资产节约、集约利用，实现生态环境安全，完善生态文明绩效评价考核和责任追究制度，推动领导干部切实履行自然资源资产管理和生态环境保护责任，具有十分重要的意义。

2. 责任界定的会计统计资料依据

在审计实践中，审计的会计统计资料涉及的重点内容主要包括土地资源、水资源、森林资源、大气、海洋湿地等，围绕政策执行、自然资源资产管理、约束性指标的完成、资金征管使用、建立预警机制等方面开展，重点揭示自然资源资产管理绩效，自然资源、生态环境和社会经济协调性，资源环境保护投资项目资金筹集和使用，资源环境保护制度决策的合理性和有效性，自然资源资产相关政策法规执行情况等方面的违规问题。

例如，2015年下半年至2016年上半年年初，山东省胶州市根据省审计厅的安排，选取了经济技术开发区、里岔镇、海洋渔业局进行审计。审计内容主要是：在经济技术开发区选取了三种自然资源资产，在里岔镇选取了农用地、山地、文物保护用地、地下水资源、森林资源，并在海洋渔业局开展海洋资源资产专项审计调查。2016年，胶州市印发了《领导干部自然资源资产离任审计暂行办法（试行）》，出台了《关于开展领导干部自然资源资产离任审计试点工作的实施意见》，以城市景观河——金冠韵河为抓手，重点审计领导干部的岗位职责，审查领导干部任职期间贯彻落实自然资源资产和环境保护方面的政策措施、责任履行的具体情况、开发利用保护情况、管理使用资金情况等。

3. 责任界定的思路与评价方法依据

在审计实践中，由于自然资源资产离任审计是一项全新的审计，因此值得借鉴的审计方法并不多。全国各地在探索中普遍使用了传统的审计方法并结合创新的审计方法，主要有：现场调查、审查资料、多方访谈、询问、统计分析、趋势分析等。另外，大多数审计机关还聘请了外部专家，如水务、气象、国土、环保监测等领域的专家。部分审计机关使用了卫星遥感数据接收系统、全球定位系统、空气监测系统、排污监测系统、地理信息系统、谷歌地图等，借助外部工具来采集数据，以此分析自然资源变化的趋势。

就全国范围而言，责任界定方法较为领先的有：胶州市审计人员结合传统审计方法并创新使用多种现代审计技术方法，解决了审计工作中出现的各种新情况和新问题；探索编制了自然资源资产负债表，初步形成评价指标体系；通过自然资源分项审计，使用新的价值评估方法、质量评价方法，并探索建设"领导干部自然资源资产审计+"模式，将其与经责审计、投资审计、政策跟踪审计、绩效审计等相结合，形成了一套符合胶州实际情况的审计方法。

4. 责任界定的其他影响因素

全国范围内不仅在审计内容、审计方法及责任的追究方面有所创新，部分地区还根据当地的经济情况、产业发展、资源禀赋等制定了适合本地执行的有关自然资源资产离任审计的基本规范。

例如福建省南平市审计局以审计促进建章立制，做到常态、长效，在全省设区市率先制定《南平市党政领导干部自然资源资产离任审计实施意见（试行）》，通过审计来"倒逼"制度的完善，促进建立健全生态保护相关制度80余项。安徽省淮北市审计局建立相关的制度，形成了长效机制：市委办、市政府办印发了《关于开展领导干部自然资源资产离任审计试点工作的实施方案》，要求各相关单位结合实际的情况认真贯彻执行；市审计局制定了《淮北市领导干部自然资产离任审计工作方案》《淮北市领导干部自然资产离任审计操作指南》等。山东省胶州市建立起自然资源资产离任审计联席会议制度，印发了《胶州市领导干部自然资源资产离任审计工作暂行办法》，从审计的重点内容、审计程序、审计结果运用等方面规范审计责任界定工作，并在市审计局设立了自然资源资产审计科。

3.1.3　前期应用总结

目前，责任界定的审计实践已经在诸多方面取得了一定的进展。各地的审计机关在责任界定中运用的制度依据涉及法律、行政法规、部门规章等，同时也严格遵循国家审计工作发展规划，并根据所在地区的区域特色，结合起地方性法规，全面开展自然资源资产离任审计的责任界定。实践中，各地的审计机关围绕土地资源、水资源、森林资源、大气、海洋资源、矿产资源的政策执行、自然资源资产管理、约束性指标、资金征管使用、预警机制等方面的会计统计资料开展审计工作，并结合传统的审计方法如现场调查、资料审查、询问访谈等和创新的审计方法，如"互联网+"、GIS、Google Earth 等，将定量与定性的方法运用于审计的全过程，合力提高审计的效率。在启动审计程序后，部分地区的审计机关将审计结果上报主管部门，主动与主管部门进行沟通和交流，严肃对被审计对象进行问责和审计整改，建立起责任界定的情况公告、结果通报和结果运用等机制，公布审计结果。同时，地方审计部门还根据本地区的实际情况建章立制，部分地区还建立起自然资源资产离任审计联席会议制度并形成长效机制，积极推进责任的界定。已有的审计实践已经取得了一定的成效，对于深化责任的界定具有一定的影响，但是，仍然存在需要完善的地方，责任界定的水平和质量亟须进一步提升。

3.2　经济与生态价值分析

3.2.1　草原资源资产的价值构成要素

经济学最初将资产描述为：可提供给人类服务并创造经济效益和法律效益的、能被国家主体监管、被经济主体使用的"资源"。在会计准则中，资产则被简述成是被主体拥有、控制的一种资源。根据对相关资产的内涵进行总结和探究，草原资源资产可以被简单定义为：所有权清晰明确的、可被主体拥有、控制的，由以前发生的事项引起并以货币计量，预期可为主体带来经济效益或生态效益的草原资源。在对其进行认定时需要满足以下条件：首先，资产的主权必须清晰明确，可保证其被特定主体所拥有或控制，且主体对其具有开发和使用的权利；其次，该资产可创造一定的经济效益或生态效益；最后，这些效益可以用价值量来体现或者将价值量转化为货币表示，并且可通过公允价值等方法来对其进行核算。以上三项标准是认定某项资源是否属于草原资源资产范围的重要条件。

在对草原资源资产进行认定时，可以很清晰地总结出它的三个特性。第一是所有权的明确性。明晰草原资源的所有权及其使用权是对其进行更好保护和管理的一个重要部分。因此，我国实施"三权分置"政策，把一片草原上可以附带的权益分为：所有权、经营权和使用（承包）权。根据有关法律、政策，草原资源是天然形成的，草原的经济及其生态价值的所有权均属于全部人民；该项资源的管理者或经营者为当地的相关政府部门，对其履行保护和管理的责任；草原资源的承包者是指根据三权分置政策，对草原土地进行承包，获得草原土地的使用权，并建立人工的草场、牧场，获得其经济价值的牧民。第二是价值性。根据自然资源价值论可将草原资源所具有的价值分为天然、人工（劳动）和稀缺价值三类，对其进行具体核算就是明晰其三种价值具体数量不可或缺的一部分。第三是可计量性。资源有三种价值，但是明晰三种价值的大小却是学界专家在一直研究的问题。草原资源资产必须有可计量性，将每种价值的大小用一定的核算方法转化为货币来进行计量，这样才能更好地管理和明晰草原资源的价值，才能更好发挥其对于人类的生态意义和经济效益。

由上可知，笔者认为，草原资源资产的价值构成要素包括三个方面：价值主体、价值形式、价值计量。价值主体是指草原资源资产的所有者、经营者和管理者；价值形式即价值的表现形式，具体表现为天然价值、人工（劳动）价值和稀缺价值；价值计量是指通过一定的核算方法将价值转化为货币来进行计量，以便进一步明确草原资源资产的经济价值和生态价值。

3.2.2　草原资源资产的价值计量

1. 草原资源资产分类

将资源转化为资产，不仅仅对其进行了资产化，也进行了产权化。在我国草原地区实行"三权分置"的背景下，草原资源资产负债表中的资产应当同时满足会计属性与产权属性。草原资源资产的产权化有利于规范政府、人民等的行为，明确每个主体对其享有的经营和使用等权利，同时也监督他们履行对其管理和保护的义务。综上，草原资源资产可以通过相关主体根据有关法律规定和政策实行来对草原资源进行开发和利用，并在这个过程中产生经济效益和生态效益。根据生态服务价值理论，在对草原资源进行核算时，普遍把它的生态系统服务分为产品供给、调节和文化服务三类。谢高地等[①]将生态系统服务划分为原材料、食物生产、生物多样性维持、土壤形成与保持、景观愉悦、水源涵养、废物处理、气体、气候调节

---

① 谢高地, 鲁春霞, 成升魁. 全球生态系统服务价值评估研究进展[J]. 资源科学, 2001(06)：5-9.

等九类服务功能。笔者在上述九类功能的基础上，根据现实发展的需要以及草原资源的独特性，添加了营养物质循环功能和文化传承功能，将"气候调节"拆分到"气体调节"等服务中，重新组合为十项服务功能，并将这些功能按照服务价值类型分为：生态产品、自然资源调节、生物因子调节、旅游文化等四类价值。

在对草原资源资产从所有权视角与生态服务价值两个角度进行分类后，可以将草原资源资产分为实物资产与生态服务资产两大类。草原上生活的牧民对草原资源拥有承包权，在国家允许的时间和空间范围内进行放牧，对承包草场的牧草具有出售的权利，也就是说，草原资源为人类所提供的实物资产可以包括两个部分，即为放牧的动物提供自然生长的食物；草原上分布有不同类型的植物，其中一些植物（牧草）具备商品属性，可在市场上进行流通。草原是地球的"皮肤"，保护其生态环境对自身的发展以及所在地区的生态调节都有着不容忽视的作用。草原对自然环境的调节主要表现为对覆盖地区气体调节、水土保持、水源涵养这三个方面。在核算草原资源的自然资源调节资产中应包括：①气体调节——分为草原生态环境向大气释放氧气价值、吸收并固定大气中的二氧化碳价值、吸收大气中的二氧化硫气体价值以及阻滞粉尘价值；②水土保持——又可分为降低土地面积废弃率、减弱泥沙沉积、保护土壤营养不流失；水源涵养价值。草原上各类营养物质通过元素循环参与自然界的物质循环活动，并为人类的生产、生活提供价值，所以生物资源调节资产中的价值应包括营养物质循环、维护生物多样性、对废物处理的价值。

此外，在草原上生活着数不胜数的动植物，经过千百年的文化交融与传承，草原儿女在生活中形成了独特的风土人情和草原文化，草原资源具有鲜明的生态旅游特色。且草原的非物质文化遗产内涵十分丰富，无论是民俗风情，还是宗教信仰、文学艺术等都是其重要内容，具有历久弥新、与时俱进的特质。无论是游牧民族的各类食物、草原上的帐篷等生活方式，还是骑马、摔跤、射箭等娱乐项目，都是草原生态系统为我们提供的文化传承的一部分。因此，草原资源的旅游文化价值中应包括旅游观赏价值和文化传承价值。

综上所述，对草原资源的资产分类总结如表3-1所示。

表3-1 草原资源的资产分类表

资产类别	资产项目细分	资产项目释义
生态产品价值	提供食物价值	草原上各类植物为饲养草原上的动物所提供食物价值
	牧草资源价值	牧草本身作为产品可出售的价值
自然资源调节价值	气体调节价值	草原资源在该地区固碳释氧、吸硫降尘等价值
	水土保持价值	草原资源降低土地面积废弃率、减少泥沙淤积、保持土壤肥力不损失等价值
	水源涵养价值	草原资源在截留降水、调控径流等方面的价值
生物资源调节价值	营养物质循环价值	草原资源固定营养物质创造的价值
	生物多样性价值	草原资源给不同种类的动植物创造了良好的生长发育场所、丰富的生物资源，同时，也有效地控制了有害生物的数量
	废物处理价值	草原资源对废弃物进行降解、对土地养分进行归还所创造的价值
旅游与文化价值	生态旅游观赏价值	草原资源有着极具特色的风景名胜、广袤辽阔的自然景观，吸引众多游客前来体验、观光
	文化传承、传播价值	草原资源所蕴含的文化有可以传承、创新、发展的特质

2. 草原资源资产的计量

颉茂华、秦宏[①]通过研究认为，草原资源资产的核算需要针对每一种资产，选择适用的具体方法。根据上表对草原资源的分类，对每一种资产都选用合适的计量方法，包括提供食物价值计量、牧草资源价值计量、气体调节价值计量、水土保持价值计量、水源涵养价值计量、营养物质循环

---

① 颉茂华, 秦宏. 草原生态服务价值计量方法的研究 [J]. 中国草地学报, 2010 (05)：9-13.

价值计量、保护生物多样性的价值计量、废弃物处理的价值计量、生态旅游观赏价值计量、文化传承和传播价值计量。由于篇幅所限，笔者对各种计量的计算方式不展开论述。

通过对草原资源资产的分类与计量，可以计算出草原资源资产的经济效益和生态效益。从中我们可以看出，草原资源资产的经济价值与生态价值是随着人类对草原资源的保护而变化的。草原资源环境恶化，就会危害人类的生命财产安全，威胁人类的生态安全，其经济价值与生态价值更无从谈起。保持国家经济与社会又好又快发展必须与自然资源环境相协调，既要金山银山，更要绿水青山，绿水青山就是金山银山。相比于草原资源为人类创造的价值，人类每年对于草原的投入其实是很小的一部分。要加大对草原资源的投入与管理，从而更好地保护和使用草原资源，使其为人类创造更大的经济价值与生态价值。因此，开展领导干部草原资源资产离任审计，全面考核领导干部任期内的生态建设履职情况具有十分重要的意义。

3.3 草原资源资产负债表的编制

在会计学中，资产负债表是开展一切审计的前提，汇编草原资源资产负债表自然对开展草原资源资产离任审计具有重大意义，根据分析草原资源资产负债表中资产、负债、净值（正负性）的增减情况，可以对领导干部任期内在落实生态保护政策、使用草原资源资产数目等的状况及是否做到认真履职等情况进行评估。一份详细的草原资源资产负债表能全面反映资产存量的增减情况。

3.3.1 草原资源资产负债表的构建思路

草原资源资产负债表是一份静态报表，它使用特定编辑方式统计某一区域内全部草原资源价值，并将该资源所创造的价值量用合适的核算方法进行具体的量化，用货币量来表示每一科目的价值，以此来反映一个固定时点草原资源的价值。一般而言，草原资源资产负债表无论是在格式上、编制方法及内容上都需要借鉴目前已经成熟的模式，在完成对草原资源资产负债表中所含具体内容的界定，明晰各元素之间的等量关系后，确定表中将要披露的信息及科目，运用计量方式对其进行准确计量，从而得到一张可以反映草原资源从期初到期末创造价值变化的报表。

3.3.2 草原资源资产负债表的框架构建

根据《政府会计准则》《企业会计准则》的规定，资产负债表是根据资产、负债、所有者权益（净资产）三项具体指标来显示某一个时点企业、政府财务状况的会计报表，通常用总量、存量及质量表三个表来共同构成其编制体系。而在编制草原资源资产负债表时，其具体内容参照了企业规定，左列为草原资源的资产、右上为负债、右下为所有者权益（净资产）。对上述三个要素进行初步计算后，将得出的数据进行汇总并得到草原资源资产负债表。如果对各项科目的定义与计量均符合会计原则，那么，在经过正确的记录和计量后，该表左右两边的总金额应当相等。通过对相关要素进行详细的内涵定义以及特征描述，笔者构建了如表3-2所示的草原资源资产负债表框架体系。

表3-2　草原资源资产负债表

编制单位：　　　　　　　　ＸＸ年ＸＸ月ＸＸ日　　　　　　　单位：万元

草原资源资产	期初	期末	草原资源负债	期初	期末
草原实物资产：			应付建设费用		
畜牧业产品			应付补偿费用		
牧草资源			应付防护费用		
草原自然调节资产：			应付自然损失费用		
气体调节			应付职工薪酬		
水土保持			其他应付费用		
水源涵养			负债合计		
草原生物资源资产：					
营养物质循环			初始权益		
生物多样性			资产溢价		
废物处理			专项投入		
草原旅游文化资产：			剩余权益		
旅游观赏价值			所有者权益合计		
文化传承价值					
资产合计			负债和所有者权益合计		

3.4　离任审计实施基础的确定

3.4.1　草原资源资产离任审计制度的目标

1.掌握草原资源基本情况

首先，在领导干部任职前，通过草原资源资产负债表掌握其将要管辖区域内、职权限度内的草原资源资产的类别、实物量、价值量、分布情况、开发利用状况等量化、货币化的数值、信息，以便在领导干部离任时，将其履行受托责任行为后的环境质量、生态消耗量、草原资源资产存量、分布及其实物量增减数值与其任职之初的数值、质量进行对比、分析，从而真实、客观、有效地反映领导干部在其任期内对草原资源资产开发、使用、消耗、保护、补偿等多方面的责任行为情况，进而将资产"收益"、生态"效益"的"升值""保本""贬值"等动态评价与领导干部的政绩相挂钩。

2. 重塑生态价值理念

践行"生命共同体"理念，重塑生态道德观、自然价值理念，以辩证的道德律令、价值理念，强化领导干部的生态文明责任意识、自律意识，从源头上消除隐患。同时，在实践、探索中汲取各区域绿色"制造"理念、良性"经营"经验，进而加强本区域生态系统保护成效，克服以往恣意性行为对自然、生态所造成的负面影响。

3. 地方治理"生态化"

聚焦草原资源资产管理、环境生态保护等相关问题，即对领导干部受托管理草原资源资产、防治环境污染、防护生态破坏等责任行为以及修复生态环境所产生的专项资金的使用等情况进行审计，从而及时揭露领导干部在其任期内浪费资源、损害环境、破坏生态等失职、违法、违纪、违规行为；同时，揭示草原资源资产、生态环境自身显露的固有隐患以及管理草原资源资产、保护生态环境过程中可能存在的隐藏风险，进而发挥审计功能在生态治理上的作用，即规范、约束、限制领导干部的责任行为，提高草原资源资产、生态环境的"收益"，落实节约能源、环境防御、环境治理等国家政策，将经济建设绩效与草原资源资产管理和生态环境保护成效结合考量，最终实现生态文明建设和生态环境可持续发展。

4. 制订责任清单

在确定领导干部受托职权的同时，还要明确：开发、占用资源行为人的保护责任，使用资源、浪费资源、污染环境行为人的补偿责任，破坏生态环境行为人的恢复责任等责任清单，以此进一步强化约束、细化责任、落实整改，树立全新理念，遏制领导干部简单地追求经济效益而漠视草原资源损害、环境破坏的失职渎职行为。强化领导干部的行为责任，进而使其担负起任期内对所管辖区域内的草原资源资产合理规划、集约经营、有效利用、节约使用、科学管理和保护生态环境的责任。同时，为了强化领导干部对草原资源环境管理、保护的水平和更好地履行职责，需建立相应的责任体系与责任追究制度，对领导干部任期内的责任行为进行监管、防御、调控，形成明责、定责、追责的"链条"。

5. 探索制度体系

监管的目的追根究底是为了预防执行体系中可能存在的潜在问题，矫正监督对象行政过程中产生的错误判断、过失行为，根据反馈的监督结果修订草原资源资产负债表、更新审计方法、重订行为规范、创建制度体系。从行为的独立性、合规性，结果的可行性、经济性，报告的战略性、专业性，即领导干部权力运用的三个层面，制定环境政策、资源节约战略、生态安全战略、与草原资源资产相关的法律规定、行政规章、行为规则以及公众评价体系、财政监管制度、政绩考核制度、草原资源资产保护长效制度、生态环境保护管理制度、草原资源资产有偿使用制度、责任体系与责任追究制度、生态修复制度等配套制度，从而对产生环境污染、资源损害的源头严防，对资源开发、占用、使用行为严管，对造成草原资源资产损害、生态破坏的行为严惩，最终确建一种多维度监管、审核、评价的创新型、综合型审计制度，进而利用制度约束，促进规范管理，切实维护资源、生态安全，推动可持续发展，实现人与自然和谐共生、良性发展。

3.4.2 草原资源资产离任审计制度的主体

因草原资源资产的产权国有化，故领导干部对草原资源资产的管理、开发、使用、保护等权力需经由上级政府授权，得到授权后，方拥有草原资源资产的使用权，其任期内的责任行为才具有合法性，所以对于领导干部任期内受托管责任行为、履职情况、政策执行情况、项目完成情况、专项资金使用情况等的监督、审核、评价，也只能由上级政府委派的审计机关执行。

而在当前发展条件下，应遵循"一元为主、多元为辅"的原则，即国家审计机关、内部审计机构为主，特约中介、协调机构与社会公众为辅。因领导干部草原资源资产离任审计制度尚未构建完整，中央顶层设计不到位，政府主导审计权威受限，审计机关职能缺失，审计人员专业技能匮乏，对领导干部的离任审计无法做到面面俱到，所以在不影响审计机关独立、主导地位的情况下，可建立联席会议制度，借助（如草原资源部等职能部门、特约会计师事务所等）第三方平台进行辅助、补充，提供专业人员、技术、数据等方面的"补给"、支持，及时填补审计"漏洞"，完善审计内容，提高审计质量，确保权力透明、审计有效、结果客观、评判公正。

待领导干部草原资源资产离任审计制度构建完整，顶层设计到位，审计机关职能填补完整，审计专员培训完毕，审计机关已可以作为法定主体、审计主体开始"掌权"，则开始实施单一主体审计。而对于第三方机构、社会公众，应划清其在审计工作中的重要程度，让其作为实施主体，承接审计机关发包的项目，实现分工协作。

3.4.3 草原资源资产离任审计制度的客体

首先，对草原资源资产负有管理责任的地方各级党委、政府领导干部、国家资源管理有关部门的领导干部和资源型国有企业的负责人均为被审计对象。详细范围为：各层级（省、市、县等）党政机关的核心决策主体；对国有草原资源资产享有治理、管理和执行权的（如国务院国有资产监督管理委员会、国有资产监督管理办公室、国家发改委、自然资源部、国家林业和草原局等）主管部门的决策主体；与自然资源资产规划、开发、使用、加工、管理和污染防治、绿化环保等责任行为以及与上述行为产生的专项资金的管理、使用有关的机构、部门的决策人和资源型国有企业（如国家投资设立的中国石油集团、中国海油、中国能建、中国铝业等被允许执行受托职权）的负责人。

其次，强调对草原资源资产负债表相关负责人的约束。通过资产负债表、所有者权益表、利润表记录的要素、数值，可综合、真实、准确、直观地反映领导干部在任期内所管辖区域的草原资源资产使用效能和现金流量净额变动情况，以此来评判领导干部的责任行为，反映领导干部的履职情况，评定领导干部执政成绩的高低或深究领导干部的渎职责任，所以应重点关注、督查编制该表的负责人。

此外，随着制度的逐步构建、填充，其制度所能应用的行政区域和管理权所能分配的地区也会随之外延，遂要根据制度和实践的具体调整，拓展审计对象所包含的层面、层级，进一步落实整改、细化责任、强化约束，若在审计过程中出现个别情况、案例或突发状况，则由拥有监管职权的审计主体断定其审计客体的范畴。

3.4.4　草原资源资产离任审计制度的结果运用

借用审计结果发挥审计的双重职能，结合以往经验以及常规使用方式，将其效用分散于以下应用人。

（1）人事部门

根据审计结果对领导干部的履职情况进行责任问责、职务任免、奖惩，是领导干部责任审计的重要依据，将结果和处理方法记录在领导干部绩效考核档案中，并存档。

（2）地方各级党委、政府领导干部、国家资源管理有关部门的领导干部和资源型国有企业的负责人

根据审计结果掌握基本情况，了解其自身问题所在，重点研读备受公众关注、影响范围广泛的典型性事件的审计意见，实时纠偏，革新工作方法，完善制度规范，提升审计工作的整体效率。

（3）纪律检查机关、监察部门

通过解读领导干部的行为数据，发现其行政过程中出现的错误判断、过失行为后，对领导干部浪费资源、损害环境、破坏生态等违法违纪行为进行责任追究、行为严惩，使监管部门有效行使监察权力。同时，对于其他部门移送的案件应及时了解案件内容，核实材料，作出反馈，再将审计报告、结果及处理办法回馈至移送部门。

（4）审计机关

对领导干部任期内的责任行为进行审计，就其任期内对所管辖区域内的自然资源资产管理和环境保护的履职情况作出评议，出具审计结果、处理办法、修正意见。

（5）社会公众

要求各级审计机关向公众披露审计报告的内容，并对社会公众提出的一应质询进行解答、说明，让其参与到审计工作当中，将领导干部责任行为透明化，以此达到规范、约束、限制领导干部责任行为的目的，进一步落实整改。

第4章　河北省草原资源资产离任审计
评价指标的确定及审计内容

　　领导干部草原资源资产离任审计本来就是综合性的审计工作，要想达到设定的审计目标，恰当评价被审计的领导干部有关草原资产管理受托责任履职情况，那么审计指标就需要考虑生态平衡、社会公众需求及当地牧民的生产经济状况。为建立合适的审计指标评价体系，应该对环境生态知识和经济发展的现状运用专门的方法技术进行分析，并结合环境、经济和社会因素作出可持续发展的指数模型。

　　本章根据前文介绍的理论基础，形成理论框架，在此框架之上确定草原资源资产离任审计的评价指标。为了可以系统且准确地得出评价结果，要对与草原资源资产离任审计相关的指标依据相应原则进行筛选，筛选出相对重要且具有综合性的指标，有利于进行草原资源资产离任审计评价工作，然后基于 PSR 模型，对筛选后的指标进行草原资源资产离任审计评价体系的构建，并以河北省坝上草原张北、丰宁和围场三个地区为例展开研究，使评价结果客观科学，更有助于河北省各地市合理地开展草原资源资产离任审计工作。

4.1 评价指标确定

4.1.1 指标确定的原则

草原资源资产离任审计是一种包含内容特殊、范围广泛的系统性审计，对其开展的离任审计评价应当遵循离任审计的原则，应当以经济责任、社会效益和生态环境相应的责任为基础，遵循系统性、科学性、客观性等原则，确保评价指标确定的客观性及全面性。在开展草原资源资产离任审计评价指标确定中应遵循以下原则。

1. 综合性原则

要把草原资源资产离任审计评价范围扩大，评价指标的筛选需要涵盖草原资源资产开发情况、草原使用效率以及环保、管理责任等方面，指标体系的构建可以系统地体现草原资源资产所处环境、与周围环境、经济、社会所形成的生态系统的整体情况，涵盖资源资产审计流程的每个环节，最终得出系统、科学、综合的离任审计评价结果。

2. 客观性原则

在建立草原资源资产离任审计评价体系的工作中，应当对整体草原资源资产运行状况作出客观、公正的评价。评价指标的筛选应反映草原资源资产的实际使用情况，系统客观地体现责任目标的完成状态。评价体系的建立应该按照客观实际为标准，才可以确保评价结果的客观性，为有关部门提供客观的建议或引导。

3. 可操作性原则

在构建草原资源资产离任审计评价指标体系时要从实际出发。评价指标体系不能太晦涩难懂，尤其是评价指标的筛选需要简单明白、简洁清晰，使审计人员可以从已有的相关资料中查询到相关的数据，较好地理解评价指标体系。

4. 适当性原则

草原资源资产离任审计评价体系的建立涵盖了诸多领域和学科，不仅体现了评价体系的全面性，而且体现了评价指标筛选的适当性，所以在构建评价体系时，尽可能不要涉及太多其他专业，从评价的视角着眼于审计范围内开展离任审计评价指标体系的构建。

5. 定性与定量相结合原则

本书构建的草原资源资产离任审计评价指标体系结合了定量与定性原则。定量指标可以用客观的数据表达评价结果，定性指标则是对定量指标进行相应的补充，有利于从多个角度体现评价结果，使构建的指标体系更为全面。定量指标的数据能够运用网络搜索得到或直接运算就能够求得。而定性指标，如群众满意度、相关政策执行到位率等，无法直接以量化的形式呈现，所以借助发放问卷的方法和相关专业人员的经验推断，采用相应的办法使定性指标能够以数据的方式呈现，最终起到全面系统地评价体系的作用。

草原资源资产离任审计评价是自然资源审计的重要组成部分，构建一套科学、客观的评价指标体系是开展离任审计工作的前提，能确保工作人员了解正确的工作目标。建立评价指标所参照的原则之间具有内在的统一性，评价指标间是既相辅相成又各自独立。在筛选指标时应既考虑单项指标又考虑综合性指标，结合定性指标和定量指标，建立一套科学系统的草源资源资产离任审计评价指标体系。

4.1.2　基于PSR模型构建的草原资源资产离任审计评价指标体系

为顺利地对草原资源资产离任审计进行研究，应建立起一套系统、科学、适用性强的评价指标体系。针对不同的草原资源资产离任审计模型进行指标体系的筛选和构建，并参考相应的草原资源资产离任审计项目进一步明确和区分指标，参照不同草原资源资产离任审计的模型对评价指标调整和优化，使指标体系具有层次性和针对性。

1. PSR（Pressure-State-Response，即压力—状态—响应）模型的基本原理

科学系统的评价指标模型是完成草原资源资产离任审计评价的重要一环，能够体现草原资源资产离任审计评价指标体系的层次性、全面性及科学性。PSR 模型最早由西方学者提出，包括"压力""状态""响应"三个层面，用并不复杂的逻辑关系解释了资源环境和社会经济发展之间的联系。采用 PSR 模型，可以科学地阐述自然资源资产和社会环境所形成的系统状态。在 PSR 模型当中，压力（P）一般表示经济社会发展状况对自然资源资产产生的正负面影响，自然资源资产可以由于经济社会的正向驱动来进行合理而高效的开发利用，也能够因过度消耗而无法再达到人类的发展要求。状态（S）经常体现自然资源资产在经济社会对其开发使用之后的变化，主要有状况、数量、修复力等。响应（R）通常表示自然资源资产在开发利用过后，人类社会为了使自然资源资产得到可持续发展而进行的相关保护行为。

PSR 模型体现了资源环境与人类活动之间的相互关系，当它们之间达到均衡状态，就可以保持生态系统的平衡发展。以 PSR 模型为基础建立的草原资源资产离任审计指标评价体系，以科学系统的层次关系综合反映了草原资源资产与经济社会发展的内在联系和发展趋势，该模型既有层次性又有系统性，可以更好地对草原资源资产离任审计做出科学系统的评价，为离任审计工作的开展提供科学系统的指导。PSR 模型能够反映资源环境与经济社会之间的内在联系，在开展草原资源资产离任审计评价中起着重要的作用。

2. 评价指标体系的构建

构建草原资源资产离任审计评价指标体系以 PSR 模型为基础，将草原资源资产离任审计评价指标体系分为三个层次（如图4-1）。

（1）目标层

最上层是目标层，表示构建指标体系的目的，即对草原资源资产进行离任审计，为草原资源资产的离任审计研究提供重要的参考，对草原资源资产开发利用和保护的情况进行总体评价。

（2）准则层

根据 PSR 模型的理念，将草原资源资产离任审计指标体系细分为压力、状态、和响应三个层面。

（3）指标层

针对准则层的三个层面进行相互对应构建各自分指标。

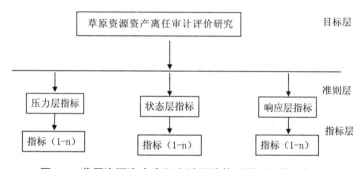

图4-1　草原资源资产离任审计评价体系的层级构建框架

完成草原资源资产离任审计评价的层次框架构建工作之后，下一步就是开始选取评价指标。为了让所选取的指标反映的直观和具体，根据指标构建的原则，在已有研究结果的基础上，经过查阅国内外有关文献资料、了解草原资源资产特性及收集有关统计数据后，笔者根据 PSR 模型建立了反映草原资源资产开发、利用以及经济社会等方面对其产生影响的指标体系。指标的选取是根据已有研究环境审计所筛选的指标为基础，依据客观性与综合性、定量与定性相结合、统一性与适当性等原则，充分反映经济责任、社会责任和生态环境相关的责任，使其可以评价草原资源资产离任审计。笔者所构建的指标体系不仅仅考虑草原资源本身开发利用等指标，还把对生态环境所带来的影响融入在内，将草原资源资产和生态环境结合，构建一套科学系统的评价指标体系。本书所选取的指标以准则层为依据，针对准则层的三个方面，选取了与之一一相对应的指标。

（1）压力（P）

压力指直接反映草原资源资产的总量和开发利用情况对草原资源资产环境造成影响的指标，反映了人类生产和生活对草原资源资产造成的压力影响情况，包括草原"三化"情况、价值变动及生产能力等压力指标。

（2）状态（S）

状态指的是在人类生产和生活中，草原资源资产所体现出的一种现时状态，主要反映一定时期内草原资源资产状态和所在环境发生的变化，包括天然草原面积、人工草地面积、植被覆盖率及畜牧业产值等反映草原资源资产状况的指标。

（3）响应（R）

响应指的是为了保护草原资源资产，采取一系列措施来保护草原资源资产和环境的变化，促使草原资源环境得到相对改善，包括法律贯彻、改良投入以及生态保护专项资金使用等指标，反映了相关部门对草原资源资产采取的治理、保护等措施和群众对生态环境有所改善的反应及评价。

综上所述，本书建立的草原资源资产离任审计评价指标体系共选取了11个指标。指标的选取如表4-2所示。

表4-2　草原资源资产离任审计指标确定

目标层	准则层	指标层	单位
草原资源资产离任审计评价体系	压力	草原"三化"情况	万平方米
		价值变动	元
		生产能力	千万千克
	状态	天然草原面积	万平方米
		人工草地面积	万平方米
		植被覆盖率	百分比
		畜牧业产值	元
	响应	法律贯彻	
		改良投入	元
		生态保护专项资金使用	元
		群众满意度	百分比

本书所构建的指标体系不仅反映了草原资源资产开发、利用和环保等方面的指标，而且将人类对草原资源资产的"三化"、治理状况作为草原资源资产离任审计的评价指标。

4.1.3　草原资源资产离任审计案例——以河北省坝上草原为例

在构建审计评价指标体系时，须参考相关责任者及专家学者的意见和观点，由专家作出职业判断并打分，这需要借助问卷调查的方式来进行；同时也需要对草原的生态功能进行定期监测和跟踪，通过进一步调研，收集能够确切反映草原生态服务价值的相关数据，进行必要的对比分析。下面以河北省坝上草原，重点以张北、丰宁和围场三个地区为例。

1. 河北坝上草原概况

（1）人文经济概况

河北坝上六县分别为张家口的张北、康宝、沽源和尚义四县以及承德的丰宁、承德两县。六县总人口185万，其中农业人口145万，占人口总数的78%；牧业人口51万，占人口总数的27%，占农业人口总数的35%。六县中面积大的是承德市围场县，其次是丰宁县，最小的是张家口市尚义县。天然草原面积最大的是丰宁县，面积最小的是康保县。人工草地建设面积最大的是丰宁县，最小的是张北县。农业产值排在前三位的分别是围场县、丰宁县和张北县，产值均在40亿元左右，其中牧业产值最大的是围场县，达30亿元，占该县农业总产值的75%。

（2）地理气候概况

河北坝上地区位于河北省最北部的内蒙古高原南缘，是北方半湿润农区与半干旱牧区交织并存的区域，也是华北地区农牧交错带具有代表意义的特色地区之一。种植业和草地畜牧业在空间上交错分布、时间上相互重叠，是典型的农牧过渡地带。该区域整体呈三级阶梯，即坝上地区、接坝地区和坝下地区，海拔分别在1 100至1 800米、850至1 100米和400至850

米。气候类型属大陆性季风气候，年均气温1—2℃，无霜期90—120天，年降水量400毫米左右，太阳光能总量在130—600kj/m²，每年日照的时数在1 300—1 600小时左右。张家口的张北、康保、沽源、尚义和承德的丰宁和围场构成了比较典型的河北省坝上农牧交错带和半农半牧区。

（3）畜牧业概况

河北省是我国的畜牧产业大省，畜牧业产值约占全国牧业总产值的十分之一，主要畜禽产品生产总量排在全国前五位。2016年，全省肉类产量、禽蛋产量、奶类产量分别为456.3万吨、388.5万吨、448.2万吨，分别同比下降1.2%、4.0%、6.8%；全省奶牛、肉牛、肉羊等主要草食家畜的规模养殖比例分别达到100%、43.06%、65.8%，规模牧场数分别为1 839个、5 416个、24 624个。河北坝上六县肉类总产量18.7万吨，其中牛肉6.6万吨、羊肉2.6万吨、禽肉1.7万吨；禽蛋产量4.7万吨，其中鸡蛋产量4.5万吨；牛奶产量53.2万吨，肉类、禽蛋、牛奶产量分别占全省总产量的4.1%、1.2%、11.9%。[①]坝上六县中有四个县被纳入河北省畜牧养殖大县，分别是丰宁县、张北县、沽源县和康保县。

（4）草牧业概况

关于草牧业，一般理解为草食畜牧业或草地畜牧业，实际上在其内涵上有显著的拓展和深化，不是传统的草食畜牧业或草地畜牧业，而是在传统畜牧业和草业基础上提升的新型现代化生态草畜产业。草牧业强调的是"自然—经济—社会复合系统"协同发展和一二三产业的融合发展，不但突出草地生产功能和生态功能的合理配置与协调发展，而且还包括饲草作物、秸秆、果蔬、糟渣等的高效综合利用，最终目标是实现经济社会健康持续发展。

草地畜牧业是河北坝上农牧业生产的主导产业，畜牧业占农业总生产的34.7%。草地是河北坝上地区最主要的生物群落之一，其生产力变化直接

---

① 刘文科, 程志利, 张胜利, 李会庆. 河北省畜牧业生产现状及发展趋势[J]. 今日畜牧兽医, 2016（03）：41—45.

影响了农牧交错带的生产功能和生态功能，同时，草地也是该区域重要的畜牧业生产基地及保护环境、维持生态平衡的绿色屏障。近年来河北坝上地区在草地畜牧业生产过程中忽略了对草地生态系统的保护与建设，过度放牧，草地严重退化，生态环境日趋恶化，草地退化和沙化面积占全国草地面积的30%，已经严重影响到该地区草地畜牧业的健康持续发展。河北坝上地区是河北省天然草原的重要组成，草地植被类型主要为温性草甸草原类型、低地盐化草甸类型草原、温性草原类型、温性山地草甸类型和暖性灌草丛类型等草原类型。河北省在草原保护建设发展方面，以自然修复和人工措施相结合的方式，在张家口、承德地区实施了生态保护和修复工程，并建设了张家口地区2022冬奥会草牧业发展示范区域；在坝上地区及燕山、太行山区，把退化草场的植被恢复作为工作重点，在保护草原的同时发展草原建设，建立、执行严格的草畜平衡管理制度，实施了再造"坝上草原"的工程；在黑龙港流域地区，充分利用盐碱地、中低产田的土地特点，对青贮玉米种植及苜蓿等高产优质牧草种植进行了扶持，把沽源县打造成为优质、高产饲草饲料种植和供应基地。

2.河北坝上草原生态存在的主要问题

坝上草原生态环境脆弱并呈整体恶化趋势是河北省草原生态面临的最主要、最根本的问题，主要表现在以下几个方面。

（1）天然草原退化、碱化、沙化严重

我国北方近年来沙尘暴频繁暴发的主要沙源区是沙质草地和旱作耕地，而不是沙漠及其边缘地区，主要原因在于草原退化、草本植被退化。河北省天然草原退化、碱化、沙化严重，成为生态环境恶化的最主要原因，其中以张家口、承德两市最为严重。河北省连片草场大多集中在北京北部的张家口、承德两市的坝上及接坝地区，草地总面积31 720平方千米，占全省草地面积的63.2%。两市"三化"草原面积达15 300平方千米，占全省"三化"草原面积的70%。两市沙化面积约18 300平方千米，占全省沙化面积的67.3%，这里有坝上、坝下和永定河三大沙区，是风沙侵袭京津的通道和沙源。

丰宁县位于坝上高原区,距北京188千米。其草原沙化每年以3.5千米的速度沿滦河、潮河河道向北京挺进,年均扩展1 620平方千米。该县小坝子乡是全国土地沙化的一个典型,沙化土地占36%,水土流失面积占76%,大大小小的沙丘和沙坡遍布,沙子压塌房子的事件时有发生。

(2)天然草原水土流失加剧

官厅、密云、潘家口水库上游的桑干河、潮河、白河和滦河均发源于河北省草原区。草原的"三化"加剧了天然草原水土流失,造成河道淤积,形成了坝上沙区、张家口坝下五大沙滩、永定河中下游沙区等几大沙区。张家口市永定河流域水土流失面积达到1.12万平方千米,官厅水库泥沙淤积达到6.51亿立方米。

(3)天然草原生物灾害频繁暴发,危害严重

长期高强度开发利用致使草原退化、碱化、沙化,草原生态环境破碎,生物多样性锐减,导致旱、雪、火、大风、霜冻、沙尘暴等自然灾害及鼠、虫、病、毒草等生物灾害频繁暴发,尤以沙尘暴、鼠虫灾突出。

张北县位于坝上高原区,距北京250千米。该县是河北省草原蝗虫重灾区,平均每年蝗虫危害面积400平方千米以上,占全县草原面积1 220平方千米的32.8%,平均虫口密度50头/平方米,远远大于防治标准,严重地段可达900—1 050头/平方米。

(4)超载过牧

张家口、承德两市是河北省草原超载过牧的主要地区。两市共有天然草原面积31 720平方千米,按照目前天然草原青干草仅为52 500千克/平方千米的承载能力,仅能承载草食畜304.2万个羊单位;年饲料作物种植面积590平方千米,承载161.6万个羊单位;年产农作物秸秆210万吨,饲用率70%,可承载268.5万个羊单位。两市实有草食畜1542.6万个羊单位,超载808.3万个羊单位,超载52.4%。

丰宁县小坝子乡土地沙漠化严重的原因,除了自然条件外,人为破坏

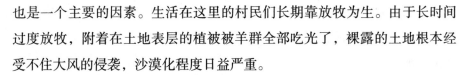

也是一个主要的因素。生活在这里的村民们长期靠放牧为生。由于长时间过度放牧，附着在土地表层的植被被羊群全部吃光了，裸露的土地根本经受不住大风的侵袭，沙漠化程度日益严重。

（5）土地利用忽视生态价值和社会效益

随着旅游经济的发展，房地产及其配套设施在草场上陆续兴建，大量的工程建设、"三废"处理的不妥当都对当地的生态环境产生了极大的负面影响，使坝上草原失去了20世纪水草丰茂的景象，反过来又影响了当地的旅游经济发展。

从张北、丰宁、围场目前的生态环境来看，因片面发展经济而牺牲自然环境，将再次把当地人民陷入困境中，把北京置于沙化侵扰的危险中。简单来说，坝上草原是一个靠天吃饭的地方，当地一系列的产业都以自然为根本，只有协调好、优化好人地关系，才能实现"美丽中国"。以御道口牧场为例，御道口牧场是国家4A级草原森林风景区和省级自然保护区，肩负着为北京阻断沙源、为天津涵养水源的使命，是实现"美丽中国"的战略要地，其功能定位决定了御道口牧场的经济结构只能是无污染的产业结构，包括旅游业、风电、林业、牧业。虽然御道口牧场已正式纳入国有林场管理序列，却缺乏一套标准的、科学的土地利用规划体系。这种管理模式在招商引资的过程中往往容易导致决策者做出片面的、甚至是错误的土地决策——以经济利益为重。例如，2009年，建一个高尔夫球场占用草场面积将近1万亩，并且由于该工程的后续管理不善，导致大片草场出现沙化，已建设的房地产废置，浪费了大片优质的草场资源。不合理的占用草场不仅对自然环境造成了极大的破坏，也产生了农民失地等社会问题。自1994年起，御道口牧场承包给了个人。有的牧民以草场资源为生，过着放牧的生活，也有的牧民选择外出打工。草场资源用途的改变，如建设房地产、建设生态工程等，都会对牧民产生一定的影响。为弥补牧民的损失，一般来说应按照生态补偿流程进行。由于缺乏一套科学的生态补偿体系，御道口牧场的生态补偿难以满足牧民的需要，每人每年的补偿价格大概是100至300元。如此的低价补偿难以让牧民维持生活，在征收草地之后，政府也没有相关的牧民再就业政策或补助政策，牧民的生活是越来越难。

（6）生态恢复工程综合效益有待提高

"十二五"时期，御道口牧场抓住建设京津冀水源涵养功能区的时代机遇，实施"再造三个塞罕坝""京津风沙源治理"等工程，推行造林补贴，调动广大群众的造林积极性。2016年，相较于生态修复之前，御道口牧场的整体生态环境初见成效，风沙灾害发生次数相较减少40%，但是，在开展大规模的植树造林时，不得不衡量其投入与产出以及土地适宜性。在半干旱、干旱地区植树造林，水源条件是否充足是影响其效果实施的重要条件。在御道口牧场植树造林，需要定期浇灌，有的地方需要调水才能浇灌，而乔木可能需要十几年甚至是几十年才能长成大树，发挥防风固沙的作用，长此以往，这项生态恢复工程需要定期投入大量的人力和资金。鉴于御道口牧场的现有条件和管理模式，其生态恢复工程存在资金投入不足、后续管理不善的问题，而且其植树造林的选址地均为条件较差的风沙区和山区，如二道河子、裤裆地、后台子等，导致该地难以发挥最大化的生态效益。

另外，"一刀切"的植树造林并不适用于所有地区，必须依据地理地带性的自然规律恢复生态，宜林则林，宜草则草。如果要一味地植树造林，则可能会产生负面作用。御道口牧场是"中华湿地保护地"，养育着多个野生物种。黑琴鸡是国家二级重点保护动物，是落叶松和混交林带的林栖鸟类，栖息在纯针叶林、森林草原、草甸、森林沟谷。黑琴鸡一般是组群活动，一群由几只，几十只，甚至上百只组成，组群的数量因季节、食物多少和周围环境的不同而增减。以往黑琴鸡并不稀缺，近年来由于乱捕滥猎，其数量大大减少，曾被列入濒危动物名单。在御道口牧场中，黑琴鸡的栖息地就不能种植云杉等大乔木，因为黑琴鸡主要以山荆子为食，且求偶需要开阔的环境，如果在黑琴鸡的栖息地范围种植乔木，将使黑琴鸡面临灭绝。另外，在大规模植树造林期间，种树活动可能会惊扰到黑琴鸡，致使不再来此处活动。

御道口牧场的植被类型为草甸草原，阴坡地可自然成林，原始草原和湿地资源丰富，可见，草在御道口牧场的生态系统中处于不可或缺的基础地位。生态工程必须因地制宜，不仅能维护生物多样性，更是提高生态效益的关键举措。对于一直以牧业发展为主的御道口牧场，草场是其关键的资源依托。在其生态恢复的过程中，从土地退化到生态恢复必须遵循植被的自然演替规律，草场资源的恢复相对于御道口牧场来说或许更具意义。草原的生态系统恢复对御道口牧场的整体生态环境来说是至关重要的，既符合其自然地理地带性的规律，更响应了"山水林田湖草是一个生命共同体"的理念。

3. 河北草原资源资产离任审计评价值的确定

在初步确定审计评价指标后，参照河北省坝上草原资源概况和存在的生态问题，笔者设计了关于评价指标构建的调查问卷A，按照指标重要程度划成5个等级，1表示不重要、2表示一般、3表示重要、4表示很重要、5表示极为重要。就此向自然资源局、生态环境局、审计局、财政局等部门的工作人员和高校相关领域的教授专家发送调查问卷39份，收回36份，有效数36份，有效回收率92.31%。统计分析回收的调查问卷，具体过程分三步：第一步，计算出每个指标的平均得分情况，得分越高，说明指标的重要程度越高；第二步，依据每个指标的平均得分，计算每个指标的标准差，标准差越小，说明指标的得分比较接近平均得分，即指标的得分越集中；第三步，用前两步计算结果求出变异系数，变异系数越小，指标的代表性越好；反之指标的代表性越差。因此，将每个指标最终求得的变异系数作为二次筛选审计评价指标的标准。

4. 调查问卷 B 确定评价体系指标权重

在整个评价指标体系中，确定指标权重是极其关键的一步，用不同的方法确定指标权重，得到的结果也会有差异。因此，为了构建科学合理、客观公正的评价体系，很重要的一点就是选择合适的权重确定方法。

每个指标的重要程度和影响力有所不同，其对应的权重也应有所不同，权重值可以根据重要度进行赋值和量化。当前，最常用的有两种：即主观赋值法和客观赋值法。

主观赋值法的优点在于容易操作，方便灵活，缺点是权重确定结果过多依赖于人的自身经验。与之相比，客观赋值法则可以在很大程度上减少主观因素影响，所赋予的指标权重更加客观实际，但是其运用的前提是建立在大量数据的支撑上，数据收集过程艰难，数据处理的计算方法也比较繁杂。如果样本量不足，得到的权重结果很可能背离实际，甚至存在指标权重并不能体现其实际重要程度的情况，影响评价结果的可靠性。笔者通过对草原的生态功能进行定期监测和跟踪，收集能够确切反映草原生态服务价值的相关数据，进行必要的对比分析，采用层次分析法来确定评价体系各项指标的权重，得出基于PSR的草原资源资产离任审计准则层评价指数值及综合评价指数值，并计算综合评价得分。由于篇幅所限，本书对评价体系指标权重及离任审计评价值的计算过程不展开论述。

根据得分能够看出，得分逐年增高表明领导干部对辖区内草原资源资产的主体责任履行情况表现良好，综合评价得分越高，如90分以上，达到优秀等级，表明领导干部的主体责任履行情况表现优秀。

4.2　离任审计内容

　　本节结合河北省草原生态功能区的特征，以领导干部受托责任履行为出发点，基于PSR模型确定的评价指标，围绕草原资源资产管理及生态保护责任，着眼于领导干部任职期间草原资源资产的价值量、实物量以及环境质量，以自然资源资产数量、价值、质量安全以及生态环境改善为支撑点，从目标责任完成、法律法规与政策制度落实、草原资源资产开发利用管理及生态环境预警机制建立等方面进一步细化草原资源资产离任审计的内容。

4.2.1　目标责任完成审计

　　目标责任完成审计主要是审计领导干部是否保质保量完成草原资源和生态环境保护目标：当地党委或政府是否建立约束性目标（指标）管理体系；领导干部任职起始期约束性目标（指标）数据是否真实；领导干部目标期或任职末期约束性目标（指标）完成情况及数据是否真实；被审计地区设置的约束性目标（指标）是否符合实际情况；其他与当地资源环境状况紧密相关的重大规划、计划考核目标是否完成。具体包括以下四个方面内容。第一，草原生态状况情况审计，检查天然草原生物量、草群高度、植被覆盖率等。第二，草畜平衡制度实施效果审计，主要检查草原载畜量的合理性。第三，基本草原划定情况审计，主要是为了判别领导干部划定工作是否具有科学性的审计。第四，草原保护监督检查审计，其中包括防火、鼠害、草原征用和占用情况的检查。

1. 草原生态状况变化情况审计

通过植被覆盖率、牧草产量、草群平均高度、牧草等级等指标，反映草原植被状况和草原生产力情况。每项指标相关计算方法及说明如表4-3所示。

表4-3　草原生态状况变化评价指标

评价指标	计算方法	说明
植被覆盖率	观测区域内天然草原植被垂直投影面积/地表面积×100%	反映草原植被生长状态的重要参数，也是生态系统变化的重要指标
牧草产量	单位面积内地上牧草的总产量	衡量草原生产力水平的主要指标
草群平均高度	牧草群落的地上植株平均高度	反映草原质量的指标
牧草等级	共分为五等八级，不同等级对应着优质牧草在草群中所占的不同比例，不同比例对应不同的牧草产量	

根据表4-3所知，草原生态状况变化的评价指标不仅对于草原植被面积有所考量，同时还关注了草群植株的平均高度以及对其进行质量分级。由此可见，对于草原生态状况是从草原植被的"质"和"量"两个角度进行综合评价，以确保对草原生态状况的变化更加准确深入的了解。

2. 草畜平衡制度实施效果审计

制定这项制度的目的是为了科学控制、安排草原地区牧民家畜数量，在让草原可持续发展的前提下解决牧草作为牧区饲料的供给短缺问题，实现畜牧经济与草原生态的共同发展。通过选取适宜载畜量，寒冷季节的人工草地、稻草和青贮饲料的适宜载畜量以及6月底的家畜存栏数量（实际载畜量）和其他指标，反映草畜平衡状况及草畜平衡制度实施的作用。草畜平衡制度实施效果评价相关指标计算方法及说明如表4-4所示。

表4-4 草畜平衡制度实施效果评价指标

评价指标	计算方法及说明
天然草原冷季可食饲草储量	当年最高月产量与牧草保存率和冷季利用率的乘积，反映合理利用的前提下天然草原冷季可提供的可食牧草的总量
人工草地、青贮、秸秆等冷季可食饲草储量	当年人工草地、青贮、秸秆等来源所能提供的可食饲料的总量
现实载畜量（羊单位）	涵盖一个牧业年度的不同畜种的成年牲畜数量、幼畜的出生、死亡、存活以及牲畜的买卖、流转等具体数据，并按照畜种和年龄结构转换为羊单位，由县级以上畜牧局和统计局提供
天然草原理论载畜量，又称天然草原适宜载畜量	在一定放牧时期内，一定草原面积上，在不影响草原生产力及保证牲畜正常生长发育时，所能容纳放牧牲畜的数量
实际载畜量又称实际载畜率	在一定放牧时期，一定面积上，草原实际放牧的牲畜数量，一般转换为羊单位表示
草畜平衡状况	草原所能承载的家畜数量（适宜载畜量）与现实饲养的家畜数量（实际载畜量）之间的差，占适宜载畜量的比例，草畜平衡值为正值表示超载，负值表示草原仍具有增加饲养家畜数量的潜力

根据表4-4可知，草畜平衡制度实施效果评价指标对于实际载畜量和理论载畜量都进行了计算评估，并以理论与实际的差值来衡量草畜平衡的状况，以最终得出的草畜平衡状况指标对实际载畜生产活动进行指导调控，保证草原地区畜牧生产活动的可持续发展。

3. 基本草原划定工作情况审计

审计人员应当通过选取草原划定及其保护面积的大小和占总草原面积的比例等指标，反映基本草原划定工作进展和草原保护状况。审计小组必须清楚，重要放牧场、割草地、用于畜牧业生产的人工草地、退耕还草地以及改良草地、草种基地等草地都应当划为基本草原，并对基本草原划定后的公示和建档工作进行调查，保证基本草原的划定流程的完整性。

4. 草原保护监督检查情况审计

草原保护监督检查工作也是审计工作中非常重要的一环，且很多数据并非只是财务经济数据，相对而言审计范围要更宽泛，主要包括地方政府草原防火工程建设情况、草原鼠虫害预测工作情况、草原征占用情况、草原保护管理能力情况以及年度草原违法追责案件情况等五个方面。

（1）审计地方政府草原防火工程建设情况

地方政府应当签署草原防火责任状、承诺书，负责草原防火工作。审计人员需要向草原防火部门获取领导干部任期内草原火灾发生次数、过火面积、等级以及草原火灾发生后处置情况的数据，利用合适的评价指标对草原防火工程建设情况作出评价。另外，要注意核实各级政府是否按照规定建立草原防火责任制，切实做好草原防火工程。

（2）审计草原鼠虫害治理情况

审计人员应当审查草原地区鼠虫害发生面积，并对灾害情况进行评级。计算出严重灾害发生面积占总发生面积的比例，对领导干部在草原鼠虫害预防和治理的工程建设做重点关注。

（3）审计草原征用、占用情况

审计人员应该对草原临时占用情况进行仔细调查，这部分属于草原非法占用的高风险内容，同时还要关注是否存在草原用地违规审批的情形。另外，要检查环境影响评价制度、建设项目环境准入制度和使用草原可行性评估制度的执行情况。

（4）审计草原保护管理能力情况

实地调查草原监督管理局等部门的"人、法、技"能力建设，检查草原监督管理机构等部门设置、草原执法政策措施、资金投入、装备配置、技术支撑和执法监管情况，发现是否存在专业防火队伍建设滞后、防火设备不足等问题。

（5）审计年度草原违法追责案件情况

获取政府监管部门的相关文件，调查本年度辖区内所发生的违法违规案件发生的情况，根据案件发生数量多少以及处罚是否合理来进行评价。如果违法案件频发，且后续的追责处理明显不到位，应对主管部门的相关领导进行问责。

4.2.2 法律法规与政策制度落实审计

包括对国家有关草原环境的政策在政策有效期内的执行力度、执行效果等方面开展持续性的监督活动。草原资源资产相关政策落实审计包括两个方面的内容，一方面是审计河北省政策执行的力度，另一方面是审计河北省政策执行的效果。

1.草原资源资产政策执行力度审计

审计河北省草原环境政策是否得到有效执行，是领导干部草原资源资产离任审计工作中重要的一环。主要包括两个方面：一是审计河北省领导干部是否按照草原环境政策规定的期限、范围、标准、进度、方式等履行其受托责任；二是审计河北省执行政策的真实性，调查被审计的领导干部是否存在政策逃避以及弄虚作假违规获取政策优惠等情形，如退耕还草资金补助政策、放牧地区的保护政策、农村草场改良保护补助费政策等是否得到执行以及执行了多少区域和面积，推进的方式如何等。

2.草原资源资产政策执行效果审计

审计河北省草原环境政策目标是否实现，这是草原资源资产审计效益性的体现。剖析审计政策在执行过程中存在的缺陷和不足，改进和完善相关政策，确保国家治理具体目标的实现。如草原环境保护资金使用后是否实现了草原环境保护的目标，即是否使草原生态得到改善，草原面积增加，鼠、蝗灾害减少，草场的生态得到改观等就是执行效果审计，执行效果的审计是草原环境政策执行情况审计的最终目标。

4.2.3　草原资源资产开发利用管理审计

草原的开发利用主要取决于草地的自然地理条件的好坏和草地生产力的高低，同时还需要关注畜牧的发展是否在草原开发利用的合理范围之内，所以在审计过程中主要对草地自身质量变化情况以及畜牧能力情况进行数据收集，同时，在数据收集的基础上将被审计对象任期内草原资源变化情况与上任前进行对比分析，从而明确相关责任。

1. 草地自身质量变化情况审计

草地自身质量变化情况可以通过天然草原植被覆盖率及天然草原生物量来衡量。同时，将被审计对象任期内数据与上期期末数据进行对比，以确定领导干部相关责任。对于变差区域，审计小组应进行重点关注是否存在领导干部未履行草原资源保护职责情况。

天然草原生物量的变化情况在很大程度上能反映出领导干部任期内草原发展质量情况。对于天然草原生物量显著变差地区，审计小组要重点关注。生物量的变差主要是由于部分地区一些自然条件有所恶化，如某县（区）近几年降雨量骤然减少，从而出现了水资源紧缺的现象，天然草原的生长不可避免地受到影响。

2. 草地畜牧情况审计

草地畜牧利用是我国草地最基本、最重要的利用方式。草地畜牧能力的大小受自然地理环境、草地类型和品质、交通等因素的影响。草畜平衡情况是体现草地畜牧情况的重要指标。审计小组应通过计算天然草原适宜载畜量、寒冷季节人工草地、青贮、秸秆等适宜载畜量、6月末家畜存栏数（现实载畜量）等指标，计算出冷季相应的畜牧超载率，并进行分析评价。

4.2.4　生态环境预警机制建立审计

生态环境预警是指对区域内的工程建设、资源开发、国土整治等人类活动对生态环境所造成的影响进行预测、分析与评价；确定区域生态环境质量和生态系统状态在人类活动影响下的变化趋势、速度以及达到某一变化阈值的时间等，并适时地提出恶化或危害的各种警戒信息及相应的对策。生态环境预警应集中研究生态系统和环境质量逆化变化（即退化、恶化）的过程和规律，及时提出警告和对策。当代引起生态系统和环境质量逆化变化的动因主要归咎于人类活动的影响。

当代生态与环境质量的变化受自然过程和人为过程两个方面的共同影响。人为过程对生态环境的影响及其后果，要通过自然生态与自然环境的响应、反馈和综合才能得到反映和体现。也就是说，自然环境本身的性质、质量状况和自然过程的特点在很大程度上影响着人类活动对环境影响的效应和后果。因此，生态环境质量的变化，特别是人类活动引起的退化、恶化及其速度，取决于两个方面的条件：人类活动对环境影响强度的大小，作用时间的长短；生态环境系统本身的性质，即其对外来影响（或作用力）的缓冲能力、调节能力、恢复能力，以及生态环境处所的质量状况（现状质量等级）。这样，环境预警实际上涉及环境系统内外因的综合作用。

生态环境预警是以生态环境质量评价为基础，但又区别于生态环境质量评价。一方面，生态环境质量评价重点是对生态环境现状及人类活动对生态环境的影响程度进行等级划分，而生态环境预警则侧重于人类活动引发的生态位移和环境质量的变化趋势、变化后果进行预测、分析和评价。另一方面，在生态环境质量评价中，不能对生态环境的变化趋势过程、后果进行评价，环境质量等级取值是静态的；而生态环境预警评价则侧重于不同时段的动态变化分析，其重点不仅在于搞清研究区的生态环境质量属于哪一级，而且在于与现状进行比较，其质量是向好处发展还是向坏处发展？所处现状如何？变化趋势和速度有多大？后果是什么？并根据需要提出有关的警报信息。

草原生态环境预警机制的建设对于及时获取草原资源的变化信息，合理利用草原资源，保护和改善草原生态环境，科学规划草原保护建设工程，促进草原畜牧业可持续发展等具有深远意义。因此，草原资源资产离任审计要加强对草原生态环境预警机制建设的审计，审计领导干部在任期内是否建设和完善草原生态环境预警机制，审计领导干部对草原的主要自然灾害（草原火灾，草原黑、白灾，草原鼠、虫害）的监测、评估与治理情况。

第5章 河北省草原资源资产离任审计的方法

领导干部草原资源资产离任审计发展和完善了国家对草原环境审计的方式和方法，使国家审计机关对草原环境问题的审计不再仅仅是对环境相关政府部门财务收支的审计，离任审计相关的研究与分析是从多角度、多领域、多层次展开的。另外，离任审计与草原环境绩效审计工作相结合，也可以更好地规范、制约和监督政府部门领导的工作，从而推动国家草原地区环境保护工作的落实，更加全面地监督政府对草原环境的保护，促进生态文明建设。因此，采用科学合理的审计方法是审计流程顺畅、降低审计风险、提升审计效率的保障。对于河北省草原资源资产离任审计而言，要以河北省草原生态保护责任履行情况为切入点，确定合理的审计方法。

根据审计目标来审计河北省领导干部草原生态环境保护责任的履行情况，从河北坝上草原生态保护与草原资源管理来看，虽然河北省草原环境建设与利用保护工作取得了一定的成效，但"三化"问题依然不乐观，存在人为不合理的利用与灌溉等方面影响因素，导致部分地区未得到有效治理并扩大了不利影响。为了更好地进行审计工作，除了加强审计力量建设以外，采用合理有效的方法，综合信息化手段和传统审计方法，会起到事半功倍的作用。

5.1 传统方法应用

传统方法通常采用资料查阅、走访座谈、实地观察以及综合分析等方法，明确草原资源资产离任审计过程中所涉及的重大决策议定、政策法规执行、基础工作开展、目标责任指标完成、项目建设、资金管理、能力建设和执法情况等问题。

5.1.1 访谈询问法

与党政机关、职能部门人员和非受审人员进行沟通、交谈，调查取证，获取其所在区域内有关草原资源管理、环境保护等所需数据、信息。

访问被审计地区党政机关、主管部门及其相关部门的核心决策主体，了解领导干部执行环境政策、资源节约战略、生态安全战略、与草原资源资产相关的法律政策情况；探询其对所管辖区域内的草原资源资产是否重视；考察其是否落实受托管理草原资源资产的职权；在环保方面其所筹集资金是否足够；其是否只做表面工作，而隐藏环境隐患；其是否注重可持续发展等。此外，特殊案件可以与有关领导干部单独约谈。而且，在访谈的过程中可以知晓领导干部对其自身工作业绩的评定。

与非被审人员进行交流询问，交谈对象主要是该类资源所在区域的或周边的民众，个别案例可能约谈专家，获取客观、有用的数据、信息，如当地领导干部是否按照国家相关法律法规的要求或授权，依照法定程序、标准，执行其受托职权；当地草原资源的开发、使用是否符合作业规定等。

5.1.2　文件审查法

此项审计方法是从多方收集相关的文献、资料，保证审计文献、数据的真实、专业、权威，同时，是制约提供主体，不得提供虚假文献。再者，审阅书面文献、资料，通过文字表述、数值结果、图表设计，可以直观地检查领导干部任期内履职情况以及核查环境政策、资源节约战略、生态安全战略、与草原资源资产相关的法律政策是否完善。

收集的文献、资料包括：政府审计部门收集的领导干部任期内对所管辖区域内的草原资源资产管理和环境保护的履职情况；国家发改委、自然资源部、环保局、林草局等其他职能部门提供的与之相关的资产使用报告、款项收付凭证及其自身行使受托职权后提交的书面报告；领导干部根据其任期受托职权的执行情况进行述职；草原资源资产、防治环境污染、防护生态破坏以及修复草原生态环境所产生的专项资金使用的账目凭证、账簿；与草原资源资产相关的收据、协议、计划书、证据等。

5.1.3　实地调查法

审计主体从审计部门、职能部门内部调取业务人员，从特约中介、社会公众中聘请资源环境专业人才，进行组队，成立调研小分队，对审计区域草原资源资产的类别、实物量、价值量、分布情况、开发利用状况等数值、信息进行现场勘察、仪器测量、抽样检验，将收集、整理后的数值、信息转交给专业人员、部门进行整合、分析，最终出具专业的调研报告。

通过这些现场勘察、仪器测量的数值、信息，记录领导干部任职前与离任时环境质量、生态消耗量、草原资源资产存量、分布及其实物量增减情况，实时掌握草原资源资产的剩余实物量以及相关设施的耗损程度，及时把握旱、雪、火、大风、霜冻、沙尘暴等自然灾害及鼠、虫、病、毒草等生物灾害情况，从而真实、客观地判断领导干部任期内的受托管理行为是否取得成效；勘察的草原资源质量是否合乎规格；操纵的监测、勘探、开采、检测等设备是否还能够应对当前的工作需求、是否还可以继续运转、使用等。

此外，实地调查，还可以勘察是否有无审批手续而非法占用草原的违规建筑；是否有破坏生态平衡非法大量开采矿石的违法企业等情形，而相关部门的核心决策主体却没有对其违法违规行为作出惩处。

5.1.4　数据分析法

草原资源资产信息分散、缺少成型的共享数据库，数值、信息可能存在交叉、遗漏等现象，而将数据信息共享平台运用于领导干部草原资源资产离任审计当中，可以尽可能地规避上述现象的出现。

首先，依据相关部门、机构建立的信息系统提供的数值、信息，进行数值计算、信息解读，掌握被调查区域突显草原资产、环保项目以及与之相关联项的详情，主要是掌握管理草原资源资产、防治环境污染、防止生态破坏以及修复生态环境等项目的变动数值、行为信息，保证数据信息共享平台发挥效能，跟踪整改，实时纠偏。

其次，审计人员可以通过数据分析，将相同、相关联项的数值、信息，进行数据连接，核查同类项，查找分歧点，再次进行复核，同时，要注重相关联数值、信息的收集。如审计人员对草原资源"消费"、生态环境"耗费"、草原资源资产"收益"、生态环境"效益"项目的数值、信息，查找出入项，解析分歧原因，对分歧点重新核查。对于备受公众关注的，阻碍经济发展增速，冲减经济成效的，当前、未来土地利用忽视生态价值和社会效益、后果影响范围广泛的典型事件，重点核查，严加惩办，探索原因，寻求整改。

5.2　创新方法应用

5.2.1　地理信息系统的应用

若被审计单位提供的资料存在争议，可利用地理信息系统分析草原资源资产变化情况，利用GIS地图查询法描绘草原资源开发与保护分布图，利用数据流程取证模式对既有监测信息进行评价，确保通过传统方法获取数据的可靠性。

地理信息技术是以现代信息技术为技术基础，以地理信息系统（GIS）、遥感技术（RS）、全球导航卫星系统（GNSS）（以下简称"3S"技术）以及大数据、云计算等空间信息技术为手段，以计算机、现代网络和通信技术为技术支撑，为实现快速、高保真、大容量地进行数据获取、处理、分析、应用、传输、存储和管理与空间位置有关的数据而建立起来的一个技术系统。[①]地理信息技术因其独特的技术优势，促使审计工作方式转变，提高审计工作效率，减小数据误差。在自然资源资产审计中，传统的审计手段和方法难以直观呈现地理空间信息，量化评估自然资源资产。运用地理信息技术可实现将该区域的高分辨率遥感卫星影像和地形数据以及国土、矿藏、森林、草原以及水资源数据进行叠加和对比分析，对可疑图斑进行筛选，实地测量取证。

本书通过运用"3S"技术对河北坝上地区六县的草地资源进行调研，进而根据草地资源情况估算出研究区的合理载畜量，结合实际载畜量进行草与畜之间平衡关系的分析。草畜平衡分析主要是对超载率或草畜平衡率也就是实际载畜量与理论载畜量的比值的研究。实际载畜量的获取需通过

---

① 周嵩山, 陈健, 王海燕, 等.地理信息技术在领导干部自然资源资产离任审计中的应用研究[J].审计与理财, 2018（05）: 14–18.

查阅各类畜牧业、草业统计资料或年鉴数据，汇总统计饲养的主要草食家畜，再换算成标准羊单位；理论载畜量的获取需先计算天然草原现存干草产量、人工草地干草产量、补充饲草料之和，汇总得到饲草料总量以后，再按照每个标准羊单位采食量计算出理论载畜量，最终计算得到研究区的草畜平衡程度。其中，天然草原和人工草地现存干草产量的计算是个研究重点，需要通过遥感处理并结合地面监测，根据草地植被指数与自然植被的相关性建立地上生物量产量估算模型，对草原的干草产量进行反演估算。主要包括的内容如下。

（1）地面监测。通过地面样方监测，获得地面数据，为遥感处理和生物量估产模型提供基础数据。

（2）地上草产量估测。通过遥感处理后提取植被指数，建立与草原生物量的模型，为计算草产量提供数据。

（3）标准干草产量。通过计算并汇总天然草原、人工草地、补充饲草料总量，折合成标准干草产量，为计算理论载畜量提供依据。

（4）载畜量。通过标准干草产量计算出研究区合理载畜量，结合研究区实际载畜量，分析草畜平衡状况。

由于篇幅所限，本书对于利用地理信息系统分析草原资源资产变化情况的具体操作流程，如技术路线、数据获取、数据处理、生物量估产模型、草产量和载畜量的计算等不做详细阐述，只对测量结果进行分析，以便为离任审计工作效率的提升提供数据支持。

5.2.2　河北坝上六县草产量与载畜量分析

1. 草产量

（1）归一化植被指数 NDVI

坝上六县 MODIS 遥感数据归一化植被指数 NDVI 计算结果表明，坝上六县2016—2020年的 MODIS 遥感影像 NDVI 值最高的是2017年，数值为65.29×107；NDVI 值最低的是2018年，数值为49.62×107。坝上六县2016年、2019年、2020年的 MODIS遥感影像 NDVI 值分别为63.18×107、56.76×107、62.29×107。2016—2020年的五年间，2018年的 NDVI 值最低，主要是因为自然环境影响较大，降水量较低，导致当年总的草产量降低。2016—2020年的平均 NDVI 值为59.43×107。从坝上六县2016—2020年五年间的 NDVI 平均值分县来看，最高的是承德的丰宁县，NDVI 值为66.87×107；最低的是张家口的康保县，NDVI 值为41.22×107，其余4县即张北县、沽源县、尚义县和围场县五年间的 NDVI 平均值分别为58.46×107、49.22×107、51.26×107、62.11×107。总体来看，坝上六县的 NDVI 值东部略高于西部。

（2）干草产量根据以上研究，分别计算出了2016—2020年坝上六县标准干草产量。结果表明，2016年至2020年，坝上六县合计干草产量总体稳定保持在80万吨以上，呈现出产量上下波动、整体减少的趋势，五年间坝上六县合计干草产量增长率分别为–1.92%、5.98%、–1.80%、–2.88%。其中2013年产量为82.75万吨；2014年自然条件较差，降水较少，产量下降至81.16万吨，成为五年里产量最低的一年；2018年受降水、气候等有利自然条件影响，产量明显增加，达86.01万吨，是五年里干草产量最大的一年；2019年和2020年表现出不同程度的产量增减，分别达84.46万吨和82.03万吨，产量波动幅度较小。分地县来看，承德市的丰宁县和围场县的产量均高于张家口的张北、康宝、沽源、尚义四县，丰宁和围场两县干草产量合计超过六县合计干草产量的一半以上；六县中干草产量最大的是承德丰宁县，其次是围场县，张家口的张北和尚义两县产量大体相当，张北略大于尚义，康宝和沽源两县相对其他四县产量略低。

根据2016—2020年标准干草产量情况，可以看到每年各县及各县之间草产量的差异以及五年来坝上六县干草产量的动态变化。可以看出，坝上六县的东部产量高于西部产量，北部产量略高于南部产量，产量较大的是位于承德的围场县、丰宁县，2018年产量与其他年份相比明显较高。

2016—2020年的五年间，坝上六县干草产量呈现增—减—增—减的波动变化。用2020年标准干草产量与2016年作比较，能够反映出康宝、尚义二县产量减少较为明显，出现了减产现象，沽源的中东部出现小幅减产，而丰宁、围场、张北三县产量无明显变化。

2. 草畜平衡

（1）载畜情况

根据3S 技术的调研，分别计算出了2016—2020年坝上六县的合理载畜量，结果表明，2016年至2020年坝上六县合计理论载畜量呈现先增后减的趋势，合计实际载畜量呈现上下波动、整体减少的趋势。从理论载畜量的角度来看，2016—2020年的理论载畜量分别为67 932、64 944、69 160、68 851、66 737羊单位，载畜能力最强的是2018年，最弱的是2017年。分县来看，承德的丰宁和围场两县理论载畜量普遍高于张家口的张北、康宝、沽源、尚义四县，坝上六县中丰宁县载畜能力最强，尚义县载畜能力最弱。从实际载畜的情况来看，2016—2020年坝上六县载畜量整体减少，载畜整体趋于合理化。其中，2017年实际载畜量最大，2018年以后逐渐减少，2019年是实际载畜量最少的一年，2020年载畜量小幅增长。分县来看，养畜数量最多的是承德的丰宁县，养畜数量较多的是围场、张北、康宝等县，较少的是张家口的沽源县、尚义县，这与当地的资源禀赋有直接关系。

（2）草畜平衡分析

对草畜平衡的研究和应用是解决我国草原建设不平衡不充分问题的重要课题。不同年度、不同类型、不同状况的草原，产草量不同，但都需用部分产草量用于维持草原生态功能，剩余部分必须限定合理载畜量，以保障草畜平衡，防止超载过牧。草畜平衡的本质往往不是单一的植被问题本身，它的本质是人和畜的数量、行为及其与草原建设发展建设之间的均衡问题，也可以更确切地理解为人的数量和行为与草原的建设发展之间的均衡问题。也就是说，草畜平衡本身是一种管理制度，是一种草原发展理念，或者说是一项具体工作，归根结底其实是畜牧业经营管理方式方法的问题，而当它上升至经济、社会发展这一层次，草畜平衡就成为实现草原可持续利用和保持家畜高产增收的重要因素。自草畜平衡的概念提出至今，根据草原发展建设情况来核算规定可容纳的牲畜数目就被确定为天然草原畜牧业发展和生态保护建设共存的最终理想。草畜平衡可以实现草原生态系统的保护和永续利用，根据不同类型草地可用量和草场利用方式，使草地使用者保持饲草料供给与牲畜需求的动态平衡。

草畜平衡的表层含义是在满足家畜放牧采食所需时可承受的合理载畜量，实质是在适度放牧饲喂家畜（或打贮草）并维护草地可持续生产开发的前提下，能够合理承载的家畜数目与保证家畜正常生长、繁育并产出畜产品的需求之间的关系。草畜平衡的概念可以概括成两个重要内容，其一是为人类和牲畜活动及中度放牧草地的使用提供依据，其二是可以为评判草地放牧是否过度及其程度的大小提供参考标准。[①]改革开放以后，国家开始施行草原承包责任制，经过制度的不断完善和深入，1991年到2000年，草畜平衡成为国家性的草牧业措施，以内蒙古等重点牧区作为试点开始在全国铺开，使我国草畜平衡的管理措施得到进一步落实和强化。但遗憾的是，合理的载畜量并未被纳入草原家庭承包责任制当中，使有效解决草原过牧开发的问题没有得到实质性的探索。因此，草畜平衡管理是妥善开发利用草地资源，达成草地生态保护和草地畜牧业永续发展，实现恰当载畜量的枢纽性保障措施，是发展草原建设，解决草畜平衡问题，实现我国由草原大国向草原强国阔步迈进的必由之路。

草畜平衡状况可采用牲畜负载率或草畜平衡率指标来评价，牲畜超载率和草畜平衡率是表现草原草畜平衡状况的两种相对的说法。牲畜超载率是指实际载畜量与理论载畜量之间的比值，在目前我国大多数草原地区草畜平衡情况看，牲畜超载率一般大于100%，也就是处于超载的状态。可根

---

① 鲁春霞, 刘铭, 冯跃, 武建双, 冷允发. 羌塘地区草食性野生动物的生态服务价值评估——以藏羚羊为例 [J], 生态学报, 2011 (24)：7370–7378.

据载畜率划分草畜平衡等级（见表5-1）；草畜平衡率是相对于牲畜超载率的另一种草畜平衡说法，与超载率相对应，即理论载畜量与实际载畜量之间的比值，同理，这个值往往小于100%，即草畜不平衡，草所能承载的畜小于实际畜的饲养量。牲畜超载率和草畜平衡率计算公式如下。

牲畜超载率=实际载畜量/理论载畜量×100%

草畜平衡率=理论载畜量/实际载畜量×100%

表5-1　草畜平衡分级表

草畜平衡等级	极度超载	严重超载	超载	基本平衡	载畜不足
		≥115%	≥105%	≥95%	
牲畜负载率	≥130%				<95%
		<130%	<115%	<105%	

由于河北坝上已经实施了多年的草原全面禁牧，原则上不存在牲畜放牧的情况，可以用超载率来评价草畜平衡状况，但用草畜平衡率的概念来评价六县的草畜平衡状况会更合适。

根据以上研究得到2016—2020年坝上六县的合理载畜量和草畜平衡状况的计算结果。可以看出，坝上六县2016—2020年整体均处于实际载畜量大于合理载畜量的状态，其中2016—2020年超载情况较为严重，（实际载畜量—合理载畜量）/合理载畜量的值均在15—30%之间，属于严重超载的情况，2020年超载情况有所好转。

坝上六县2016—2020年草畜平衡情况表明，坝上六县2016年、2017年、2018年、2019年、2020年的合理载畜量分别为67 932、64 944、69 160、68 851、66 737羊单位，其中2018年合理载畜量较大主要因为当年坝上六县可供草食家畜食用的饲草料量最大；实际载畜量分别为79 573、85 785、81 496、74 834、75 979羊单位。超载率分别为24.60%、15.90%、17.84%、15.23%、13.85%，草畜平衡率分别为85.37%、80.26%、84.86%、86.78%、87.84%。其中，2017年超载情况最为严重，草畜平衡率最低；2020年超载情况最轻，草畜平衡率最高。草畜平衡率较低的年份是因为当年饲草料供应不足导致理论载畜量较低，或者是因为当年的实际饲养的牲畜量较大，超出合理载畜量的程度较高。分县来看，坝上六县中2016—2020年草畜平衡率平均值最低的为围场县，平均草畜平衡率为82.42%，其中2016年草畜匹配最不合理，草畜平衡率为80.25%；草畜平衡率平均值最高的为尚义县，平均草畜平衡率为88.86%，其中2019年草畜平衡状况最好，草畜平衡率为91.31%。其余4县按照草畜平衡率由小到大排序分别为丰宁县、张北县、康保县、沽源县。

3. 结论

河北省是距北京和天津两直辖市最近的省区之一，对于京津两地生态环境保护具有难以替代的重要作用。在京津冀协同发展和国家关于草牧业发展的重要战略部署背景下，笔者以草原牧草供给与家畜能量需求的角度为切入点，对河北坝上地区的天然草原地上生物量、人工草地建设、补充饲草料等草产量状况和载畜量之间的草畜平衡关系进行了研究，将位于河北省西北部的坝上地区六个县作为研究区，收集了当地的畜牧业、草业统计数据，结合MODIS遥感数据以及野外样方调查数据，一是通过Arc GIS软件计算坝上六县2016—2020年的MODIS遥感数据的归一化植被指数NDVI。二是将样本数据中可食牧草产量与NDVI建立了回归模型，通过验证从中选取了最优的模型反演估算了坝上六县的合理载畜量（理论载畜量）。三是根据计算出的坝上六县合理载畜量与实际载畜量进行比较，得出六县2016—2020年合理载畜量与理论载畜量之间的差异变化，进而对2016—2020年六县草畜平衡的动态变化进行分析。四是对研究结果进行讨论，对河北省草原资源资产离任审计提供准确的数据支撑。

第6章　河北省草原资源资产离任审计的实施路径

本章结合前文所述的实施基础、审计目标、审计主体与客体、评价体系、审计内容及审计方法，充分考虑河北省草原生态系统的现实状况，结合张北、丰宁及围场地区开展案例研究，进一步明确离任审计的实施路径，针对河北省草原资源资产离任审计制度的推行，从审计基础、审计内容、审计评价及审计方法这几个方面提出相应的对策及建议。

6.1　离任审计实施路径分析

河北省是距北京和天津两直辖市最近的省份之一，位于河北省西北部张家口市和承德市的河北坝上草原，是京津重要的生态涵养区和水源保护区，是舒缓北京、天津地区环境容量和生态空间的"排头兵"。河北坝上草原的发展建设事关整个京津冀地区的生态环境问题，对于京津两地生态环境保护具有难以替代的重要意义。①当前，在生态文明建设总体布局形势下，国家提出了"京津冀协同发展"的历史新要求，使河北的生态环境保护成为落实国家减轻京津"大城市病"和逐步化解、疏散非首都功能区的战略部署。实现京津冀地区绿色发展意义重大，使命艰巨。

① 王辉, 杨春梅, 卢娟, 宫占威, 左晶. 某军区某部细菌性痢疾发病趋势的预测 [J], 职业与健康, 2012 (21), 2569–2591.

受过去多年较为落后的理念和传统生产方式影响，河北坝上草原的开采利用超出负荷，草原所承受的负担不断加大，出现了草原生产力弱化、植物多样性降低等问题，甚至发生了植被物种丧失、土地沙化和沙尘暴等明显的生态恶化征象，呈现出草畜总体不平衡的状态。[①]由于草原植被生物量因家畜食用、饲用植物季节差别、家畜选择性采食特征、家畜季节性采食区别而发生了动态变化，需要采用以草定畜、草畜平衡的发展模式，合理确定适宜载畜量，科学引导放牧、舍饲与季节调控有机结合，使草食畜牧业生态效益和经营收益实现双赢。伴随着草原区域经济的发展和资源环境的变迁，从事草牧业的人口数目不断增长、农牧业发展技术水平更迭出新，亟需对坝上草原草牧业发展加以研究并对生产方式进行改善。靠天养畜的粗放经营草牧业发展模式早已落后，必须由传统的盲目低效向现代化的高效发展转变——迫切需要现代化的草牧业发展理念，遵循生态美好与保持经济发展相互协调、相互统一的可持续发展方略，合理开发使用草原资源。

依据前文，结合包括张北、丰宁以及围场在内的河北坝上六县的案例研究，笔者认为实施河北省草原资源资产离任审计的路径如下。

6.1.1 规则路径：健全科学、明晰的评价标准及环境责任评价指标体系

没有规矩不成方圆。科学化、明晰化的评价标准主要是指建立规范体系，上至立法，下至地区部门的规章或操作指南。首先，要制定出符合草原资源资产离任审计责任界定现状以及我国国情的法律；其次，要建立能够优化责任界定的评价标准和评价体系。

---

① 王庆，孙保平，赵廷宁. 盐池县天然草场产草量与载畜量调查研究 [J]，水土保持研究，2007 （04）：109–112.

6.1.2 管理路径：加强基础数据资料的体系化建设

第一，健全责任界定的会计资料。我国的环境会计起步比较晚。直到1994年，我国政府发布了《中国21世纪议程——中国21世纪人口、资源与发展白皮书》，才真正建立起了我国的环境会计体系。目前，我国在环境会计领域已经取得了一系列的成就，但是和发达国家相比仍存在较大的差距。而环境会计作为自然资源资产离任审计责任界定的基础，由于其尚未形成一套完整的体系，缺乏相对统一的准则和制度来指导环境信息的披露，从而造成责任的界定也无法形成科学化、明晰化的评价标准。因此，为了更好地进行责任的界定，需要形成一套会计组织的基本框架，需要制定相关的行业核算标准和法律法规建设。

第二，推进草原资源资产负债表的编制。当前，由于责任界定的一个较大难点就是基础信息薄弱，难以收集和为审计人员所利用，无法形成体系化的基础数据资料；同时，又涉及草原资源资产和生态环境的动态变化等问题，有些破坏环境的行为可能在当时不会显现，而在其任期结束后、在后任领导干部任职时表现出来，那么现任领导干部不应当为前任领导干部所造成的后果"买单"并承担责任，责任应当归咎于当事人。在这一情况下，要将历史情况和现实情况相结合就显得尤为重要，应将草原资源资产的现阶段情况与历史状况进行充分对比分析，不可将其"定格"，让责任界定不限于静态的过程，而是要与时俱进，要根据不同的时段进行考虑，全面分析基础数据。从自然资源资产负债表的计量方式来看，应当采用"数量＋质量"的方式进行计量，考虑到实际过程中的可操作性，应当结合市场价格，对各项资源的具体价值进行合理估计。

第三，建设草原资源资产数据共享平台数据库。领导干部草原资源资产离任审计工作专业性强，数据类型多样、数据量大，因此建立草原资源资产数据共享平台的数据库需要丰富的基础数据。应当在党委、政府的主导下，利用现有的地理国情共享平台，联合统计部门、环保部门、林草局等相关职能部门和社会上的一些团体组织、科研机构，尽快构建起业务数据平台，打破信息孤岛，破除部门壁垒，在保证数据来源的真实性、可靠性、完整性、可比性的基础上，将这些分散杂乱的数据汇总于数据库，并且实施专业化的管理，能够定期对这些数据进行更新和共享，使各级审计机关做到有数据、有信息可审，增强审计的有效性，最终得出更加公正的结论。

6.1.3　组织路径：对接经济责任审计、环境巡视、政策跟踪审计和其他监管力量

首先，草原资源资产离任审计与经济责任审计之间有必然的联系，在审计目标方面，都能够促进领导干部树立正确的政绩观、权力观和发展观。而在审计对象方面，两者又具有高度的一致性。在审计内容方面，自然资源资产离任审计责任的界定围绕的是领导干部对政策的实施情况——对资金的使用情况、对环保项目的建设情况等，不难看出，这也是经济责任审计的重要内容。

其次，草原资源资产离任审计与中央环保督查机制都是为了落实领导干部在环境保护中的主体责任，两者相辅相成，如能完善相关的法律法规，使审计工作与环境巡视工作的协同能够有法可依，那么两者必能更好地推进生态文明建设，还能节约人力和物力，提高工作效率。

再次，在我国，政策跟踪审计的审计目标是促进"稳增长、促改革、调结构、惠民生、防风险"，两者的审计目标都有"惠民生"一项。目前，在国家审计署网站上公布的每一季度《政策措施贯彻落实情况跟踪审计》报告中都包含了"生态环境"这一模块，并对此做出了非常详细的披露。同时，在进行自然资源资产离任审计责任界定的工作过程中，涉及对相关政策法规执行情况的审计，包括需要了解相关自然资源资产目标责任

的政策制度、生态恢复的执行情况、重大环保项目的整改情况等。由此看来，两者在审计内容方面也具有一致性，因此，两者的对接可以利用好有限的审计资源，优化审计的效果。

最后，由于草原资源资产和生态环境保护的多变性和复杂性，要求审计人员必须是全能型人才，但基于目前的审计力量，短时间内并不能符合这样的条件。因此，根据审计的实际情况，需要调动各个方面的人才，使责任的界定更趋于协同化。审计机关应当努力构建权威、高效的协同审计机制，扩充审计队伍，以弥补审计力量的不足。

6.1.4　技术路径：综合信息化手段和传统审计方法

草原资源资产离任审计的责任界定，既不同于传统的审计模式，又离不开传统的审计模式，需要我们在传统审计的基础上，综合运用信息化的手段，基于责任界定的内容，围绕资源环境资金使用、政策落实、目标责任制完成、管理成效以及项目建设运行等方面来展开。在目前复杂的经济社会环境中，趋势分析法、因素分析法、比较分析法和综合分析法等传统分析方法都具有一定的局限性，常规的审计取证方法如检查、监盘、函证、分析性复核等，已经不能适应审计工作的需要。创新审计方法，混合运用多种取证方法，打好优化组合拳，运用联网审计、大数据审计、信息化审计以实现审计目标，成为各级审计机关和审计人员的必然追求。另外，地理信息系统在草原资源资产离任审计中的应用，起到了防范审计风险、实现特定审计目标的作用，大大提高了审计工作的效率。如前文采用"3S"技术对河北坝上地区六县的草地资源调研，为草原资源资产离任审计提供了精准的数据，为河北坝上地区的生态保护、可持续发展提供了有力的技术支撑。

6.1.5　素质路径：提升审计人员执业水平和创新能力

2014年年末，国家审计署专门成立了资源环境司，进一步加强在资源环境审计方面的力量，但是截至目前，仍然缺乏专业的资源环境审计力量和人才。因此，要提高草原资源资产离任审计工作的质量与效率，还应当从人员的素质方面做进一步的努力。

6.2　对策建议

修订并完善相关法律法规和配套措施，形成一整套的审计操作指南；对审计人员进行专业培训，提高其专业素质和职业道德；建立信息共享机制，引入动态更新的专家数据库，增强审计资源安排的科学性；重点建立审计档案管理机制，对领导干部任职期间发生的破坏生态环境的行为，实行责任终身追究制，并建立审计结果披露制度；结合生态、经济、社会等多方面进行数据分析，构建合理规范的审计指标评价体系；结合绩效审计，加强对"先审后离"制度执行重要性的认识，注重政策执行有效性审计。

6.2.1　推动领导干部草原资源资产离任审计相关制度的健全完善

与草原资源审计和离任审计相关的法律法规是该审计工作的评价标准。制度健全是解决审计诸多问题的基础条件，推动制度的完善，主要从完善相关法律法规的制定和配套措施、形成完备的审计操作指南两方面进行。

1. 完善相关法律法规的制定

第一，增加相关法律依据。根据相关法律的规定，资金的管理与使用情况是重点审计内容。我国关于草原保护等相关资金的获取途径主要是依靠政府拨款，应当属于审计内容，但是由于在宪法和审计法中对环境政策等的相关审计都没有具体清晰或者充分的法律依据，导致审计机关促进政府加强草原生态环境保护的职能作用发挥有限，能够审计的对象范围也比较狭窄。通过从法律规范层面扩大草原环境审计对象范围，增加有关审计对象的相关法律依据，能够有效地解决上述问题。目前，从我国草原审计相关法律制度来看，可以发现关键问题在于其立法层级较低，对于自然资源的审计只有《中华人民共和国审计法（修订草案征求意见稿）》中明确指出：各单位主要负责人应当在任职期间履行好自然资源管理责任。笔者建议出台针对草原资源的审计法律，并不断完善原有的审计制度，使各种自然资源审计制度之间关联性增强，形成系统的自然资源审计制度体系。

第二，将草原绩效审计具体内容纳入法律法规。目前我国相关法律规定中仅仅有少部分直接对资金效益审计作出了明确要求，这就表明我国相关法律法律对于政策制定的评价、政府环境管理成果的评价等内容还有涉及。实行领导干部草原资源资产离任审计，对政策制定、执行有效性以及管理成果等都需要进行审计，而这些内容大多属于环境绩效审计的范畴，所以将草原绩效审计具体内容纳入法律法规是有必要的。另外，我们还需完善草原生态环境绩效性审计制度。目前在环境保护法律体系中还未涉及有关草原环境保护绩效方面的责任，应根据实际情况修订环境绩效评价制度，在环境保护法中加入相关环境绩效指标与责任人履行责任的审计评价制度。

2. 完善配套措施，形成完备的审计操作指南

第一，补充具体审计程序相关规范。审计人员在审计过程中，需要根据一定的标准操作程序，并遵循"先规划，后会议，然后审计"原则实施，但有关具体程序的规范是有所缺失的，所以在具体操作上还需进一步

完善，补充以下内容。首先，要求审计人员做好审前调查工作，主要是调查被审计对象任期内的工作情况、工作环境、工作实绩、群众基础、生态责任等情况，为实施审计工作做好准备。其次，有计划地制订审计计划，在完成审计调查后，对调查的内容、对象、目的、方法等进行分析和整理，提高审计工作的效率和效果。最后，在审计实施阶段，通过召开会议、讨论审计方案以证明其可行性。

第二，相关的审计操作需要进一步细化。一方面，立法部门需要明确草原资源审计的纲领性、原则性规定，这是审计工作开展的前提，另一方面，对具体程序的规定要更加明确具体，因为程序的明确性、顺序性和适用的简便性可以使审计工作更易于开展。

6.2.2　科学安排审计资源，加强审计队伍建设

毫无疑问，草原资源资产离任审计工作是十分复杂的，并且存在一定的特殊性，给审计资源和审计人员的专业能力带来了较大的挑战，因此为了提高审计质量和审计监管效果，必须对审计人员提出更高的能力要求，充分利用各种审计资源，加强审计队伍的专业化建设。

1. 强化审计人员的专业素质和职业道德

第一，着力强化审计人员的廉政意识。由于领导干部草原资源离任审计的特殊性，牵扯到多方的切身利益，而审计人员需要接触相关的领导干部，当审计人员与被审计对象之间有利益牵扯时，审计人员在思想上并不一定能保持一贯的独立。因此审计机关为了杜绝审计人员在审计期间的腐败问题，应加强对审计人员的思想教育，不仅正式员工，即便是外聘人员也要严格要求，同时设立相关的纪检部门负责审计人员的廉洁问题，对收受贿赂等腐败现象严肃处理。

第二，重视审计人员综合素质的培养。领导干部草原资源离任审计能力的培养不仅包括审计业务能力的培养，还应包括如财务、法律、草原环

保建设等知识的培养。在培养方式上，可以采用集体学习、讲座和交流的形式，并组织定期考核。对考核成绩优异的人员，可以采用奖金激励的方式，鼓励员工更好地完成培训，能够更加重视专业知识的重要性；考核情况不佳的人员需进行批评教育，不断提高其对专业知识的重视程度。

2. 建立信息共享机制，引入动态更新的专家数据库

第一，创建多部门之间的资源数据共享机制。当前传统审计中的草原资源数据分散，并且不同部门的数据存在统计标准不一致的情况，使得审计人员在处理数据上耗费了大量精力。因此为了提高审计质量与效率，审计部门可以建立一个业务数据共享平台，让审计人员可以通过授权直接分析相关的审计数据，更高效、快捷地发现相关问题。

第二，建立本地区草原资源审计人才专家库。从当地找到具有丰富审计经验和技能的人才，并将其添加到专家数据库中，以支持后续审计。同时，对本地区、各部门自然资源相关领域的专家学者进行摸底调查，搜索在自然资源领域进行深入研究的学者和专家，并且跨区域检索人才。同时，应加大在资金上的支持，对建立的专家学者库定期进行更新，同时需要开展相应的科学培训和审计实践。

3. 增强审计资源安排的科学性

第一，合理配置人力资源。一方面，主管部门要树立大局观，根据实际人员配置制定审计计划，使审计计划的制定更具科学性和合理性。在管理内容中增加人力计划安排，做好计划、方案、组织和实施四个方面的统筹工作，即统一计划、统一方案、统一组织、统一实施；做到横向、纵向多方位的工作实施，充分发挥审计整体大于局部的强大效能。另一方面，要重视人力资源的价值实现，只有合理配置审计资源，才能更高效地进行审计工作。要充分考虑审计人员的专业能力上的优势和缺陷，使审计项目达到最优的人力配置。

第二，合理配置技术资源，做到"四个结合"。一是在传统的审计手段基础上，充分利用大数据审计，使审计工作更加高效。二是在传统的审计技

术基础上，以充分利用现代化审计技术作为前提，结合审计实际情形，进行从账项基础审计为主的审计向制度基础审计、风险导向审计的过渡与转变。三是建立信息化系统审计资源共享平台，提供数据资源支持，并建立多方位数据库（人力资源、信息资源、技术资源和射虎资源数据库等相结合的数据库），以适应当前大数据时代与信息共享的需求。四是审计基础理论与实践结合，对现有审计研究的成果总结相应的经验教训，并用于指导审计实践，使之在审计实践活动中实行资源价值的最优化。

6.2.3　完善领导干部草原资源资产离任审计成果运用机制

揭示领导干部履责过程中的问题和落实相关责任是领导干部草原资源资产离任审计的重要目标。注重对审计评价结果的运用，发挥本地领导干部资源离任审计的效力，可以从建立审计档案管理机制、实行生态环境损害责任终身追究制、建立审计结果披露机制等三方面入手。

1.建立领导干部草原资源资产离任审计档案管理机制

第一，建立专门的领导干部草原资源和生态环境档案。在档案中，对其任期内各个时期的草原资源责任履行情况进行明确记录，组织人事部门研究相关部门已出具的审计报告，明确领导干部应当履行的责任，并依据其履行责任的情况决定是否进行离职工作的交接。在对领导干部进行奖惩时，也要将草原生态档案作为重要的参考，特别是当领导干部需要进行职位调动安排的时候。草原生态档案应当同其个人档案一样，采用终身制，清晰记录其在草原生态环境发展与保护中所作出的决策，一旦发现不当行为，立即启动问责程序。

第二，对审计档案采取永久保存的方式。一方面，我们可以在需要的时候，随时对档案中的审计结果进行复核，消除领导干部的侥幸心理，起到一定的警示作用。另一方面，审计档案是收集审计依据的重要手段，是依法行政的重要表现。审计结论的核心是反映真实情况，找出管理中存在的问题，因此，审计档案的作用不仅是领导干部问责的依据，也是促进草原资源资产利用和保护的重要途径之一。

2. 实行生态环境损害责任终身追究制

第一，应科学评估领导干部决策的未来影响。评估时，要充分考虑其实际影响和未来可能带来的其他影响。因为领导干部当时所作的决策影响在短期内无法显现，特别是对于草原这一类特殊资源，往往需要一段时间，其危害才会显现出来，具有严重的滞后性。因此需要结合相关专家的意见和对于未来的预测，不能局限于一时的政绩，避免破坏生态环境的短视行为。

第二，草原生态环境评价周期应与发展规划周期保持一致。领导干部在制定本区域的发展规划时，需要充分考虑不同地域的特点，以寻求本地区的最佳发展模式。生态环境问题一旦爆发，不能简单粗暴地将责任归咎于现任领导干部，不仅需要客观研究被破坏的程度，还应结合该生态环境负责人对该地区生态的贡献，对领导干部进行精准、理性的追责，杜绝"一刀切"现象。因为领导干部对草原发展规划周期并不一定与其任期相匹配，所以审计人员对生态环境进行评价时不能片面地以任期为单位，只要越过草原生态"红线"，不论何时都应对往届领导干部进行追责。

3. 建立领导干部草原资源资产离任审计结果披露制度

第一，加强审计整改情况公告。审计结果披露中，不仅要包括具体审计过程中发现的问题和审计人员针对相关问题的实际处理建议，还应包括被审计单位或人员的后续整改跟踪情况，了解被审计单位或人员是否按照相关法律法规对发现的问题进行纠正。审计的最终目的就是要被审计对象将被发现的问题整改到位，所以从这个角度来看，审计对象后续整改跟踪调查情况的公布比一般性的审计公告更重要。前期的审计工作都是为后期审计对象进行整改而服务的，对相关单位和人员的处罚及整改信息的缺失会给社会公众带来"政府部门廉政建设不透明"的错觉，甚至怀疑审计结果的可靠性。

　　第二，拓宽审计结果的公布渠道。审计公告的形式是丰富多样的，审计结果的公布渠道自然也可以是多种多样的。应结合实际的审计情况，选择合适的公布渠道，可以是广播、电视、网络等媒体，也可以是报纸、杂志等纸质出版物，还可以召开专题新闻发布会，来达到最佳的公布效果。如今是互联网时代，公众可获取信息的渠道也变得广泛，审计机构可采用问卷调查方式了解公众的渠道需求，或与其他地区的兄弟单位互相沟通，拓宽相关的公布渠道。

6.2.4　运用数据分析、构建合理规范的审计指标评价体系

　　1.确定规范统一的审计评价标准的选取原则

　　（1）权力与职责相适配的原则。有权力而不承担相应的责任只会导致滥权，但光有责任没有相应的权限，那么领导干部的管理职能则无法落到实处。审计评价指标如果是有权无责，即过分强调领导干部权力，那么审计评价则会出现缺位，所以在确定指标时一定要遵循权力与职责相适配的原则。

　　（2）共同协商原则。为加强对领导干部草原资源资产离任审计工作的指导和协调，确保审计工作顺利实施，我国建立了由纪检、组织、审计等部门参加的审计联席会议制度。因此，审计指标体系的确立也应由这些部门共同协商，以保证指标体系范围的宽窄适度。

　　（3）审计手段可实现原则。领导干部离任审计是我国目前一种特殊的审计方式，它的顺利开展有赖于审计部门借助一定的审计手段，而使用的审计评价指标必须是审计手段可以达到的，否则只会适得其反，最终带来更大的风险，如造成评价失误进而影响组织部门对干部的正确使用。

　　（4）分开设置的原则。就单一类型的指标而言，应划分为基础指标、选择性指标和前瞻性指标等不同层次的指标。基本指标是指审计工作中必须完成的审计指标，选择性指标是根据已有审计工作经验，为审计工作中

出现的特例所设计的指标，这种指标由于其特殊性，单靠审计机关往往很难审查彻底。前瞻性指标是从发展的角度出发设计的指标，目前条件尚不成熟，但随着社会的不断发展，可逐步开启试点。

（5）纵向指标与横向指标相结合的原则。纵向指标是指时间上进行比较的指标，包括今年和去年，当前和以前。横向指标是指在外部环境和内部条件基本相同的情况下，同类行政单位之间的比较指标。一般情况下，应该综合考虑两种指标。

2. 指标评价应结合生态、经济、社会等多方面进行数据分析

第一，运用大数据技术进行科学分析。在大数据时代，开展领导干部草原资源资产离任审计工作不仅需要审计技术的支持，更应当借助大数据技术。离任审计评价指标的运用同样也离不开大数据技术，通过大数据技术的应用，能转变以往审计人员仅依靠经验和主观判断的局面，提高审计评价指标应用的科学性。

第二，建立综合性指标评价模型。领导干部草原资源资产离任审计本就是综合性审计工作，要想达到设定的审计目标，恰当评价被审计的领导干部有关草原资产管理受托责任的履职情况，审计指标就需要考虑生态平衡、社会公众需求及当地牧民的生产经营情况。为成功建立合适的审计指标评价体系，应该对环境生态知识和经济发展的现状运用专门的方法进行分析，并结合环境、经济和社会因素作出可持续发展的模型规划。

6.2.5 结合绩效审计，促进审计范围全覆盖

领导干部草原资源离任审计和传统的审计是有差别的，并且很大程度上需要对领导干部的履职情况进行评价，所以利用绩效审计工作有助于提高整体审计工作的效率。同时，要利用绩效审计工作，重点明确审计"全覆盖"的要求，加强对"先审后离"政策的执行审计，注重对政策执行有效性的审计。

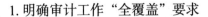

1.明确审计工作"全覆盖"要求

第一，明确审计重点，扩大审计范围。摸清审计对象范围，明确哪些内容需要重点关注，并对审计资源进行科学规划，既能为审计工作提供很好的思路，又能更好地实现审计工作"全覆盖"。按照相关规定，以问题为导向，统筹安排，有重点、有步骤地深入推进审计工作，可以更快地识别出草原专项资金使用中存在的问题，对草原资源实行动态监督管理，找出哪些管理领域仍存在审计监督盲区并提出审计需求。

第二，创新审计方法。审计"全覆盖"要有深度、有重点、有步骤、有成效，这就意味着审计部门开展审计工作时要与时俱进，不断增强自身能力，创新自身方法，应做到以下两点。一是广泛采集定期更新的数据，分析覆盖财务收支、业务经营的数据，争取做到审计"全覆盖"。利用大数据技术，综合审计评价模型的程序化过程，可以提前发现被审计单位的问题，有利于提高审计效率，落实相关人员的明确责任。二是熟练运用常规审计方法，针对被审计对象的发展变化，不断把握其业务流程和关键环节。要探索总结审计方法和手段，并建立相应的案例库，形成一套完整的机制，为以后的审计工作提供经验。

2.加强对"先审后离"政策执行重要性的认识

第一，改正相关人员对"先审后离"政策的认知。在实施草原资源领导干部离任审计过程中，应纠正相关人员对离任审计的错误认识，离任审计最基本的制度之一就是"先审后离"——先审计后离任是发挥监督、检查职能作用的基础前提。积极宣传"先审后离"的工作方式有利于审计工作的规范开展，提升离任审计相关人员对于"先审后离"相关工作的重视程度。

第二，增强"先审后离"制度下审计成果宣传工作。"先审后离"政策的执行有利于及时发现和纠正违规行为，减少损失和浪费，落实审计决定、提出审计意见和建议，提高审计效率和审计工作质量。应加强对"先审后离"制度的优点及审计成果的宣传工作，提高审计人员贯彻落实相关政策的积极性，帮助审计工作顺利、规范地开展。

3.利用绩效审计工作，注重政策执行有效性审计

第一，对草原经济生产方面的发展政策执行有效性审计。草原资源环境多样复杂，审计工作想要达到预期的审计效果就必须向绩效领域发展，科学评价领导干部在草原政策执行方面的有效性。开展领导干部草原资源离任审计工作的目的在于实现草原生态与经济的协调发展，所以有关草原经济发展情况应该成为审计重点内容，其相关政策执行的有效性也应得到重视。要结合绩效审计工作，更全面、合理地评价政府的治理政策是否到位。

第二，对草原保护工作中的政策执行有效性审计。河北省开展该项审计试点工作，是对"保护好草原自然资源是重要政绩"新理念的实践，而对草原资源的保护更重要的是行为审计，所以审计过程中要重点关注草原环境保护政策执行的有效性。同时，不同地区的侧重点应有所不同，例如在土地荒漠化程度高的地区，土地相对更加贫瘠，应该着重关注政府在草原土地恢复中的行为有效性审计，而在牧草生长状况良好的地区可更加关注自然灾害预防政策执行的有效性以及防火工程建设的审计。

第7章 研究结论与研究展望

近些年来，我国草原生态环境日益恶化，使得草原环境保护相关话题也越来越受关注，这对国家治理草原环境提出了新要求。我国先后出台了一系列重大决策，推动领导干部草原资源资产离任审计制度的不断完善，促进领导干部草原资源资产离任审计工作全面开展。本书以河北省坝上地区（主要指张北、丰宁和围场三个地区）为例，研究河北省草原资源资产离任审计框架构建及实施路径，构建了河北省草原资源资产离任审计工作的框架和实施路径，并提出了可行性对策、建议。其中框架结构包括：①草原资源资产负债表的编制；②审计目标、审计主体、审计客体、审计结果等离任审计实施基础的确定；③系统构建适用于草原生态系统离任审计的指标评价体系，依据PSR模型确定相关评价指标；④基于PSR模型确定的评价指标，从目标责任完成、法律法规与政策制度落实、草原资源资产开发利用管理以及生态环境预警机制建立等方面进一步细化草原资源资产离任审计的内容；⑤研究和探索适用于河北省草原资源资产的离任审计标准和实现路径，设计并提出符合河北省草原生态系统实际情况的离任审计的实施方式及可行性对策。

河北省草原资源资产离任审计工作尚未形成完整的审计理论框架，缺乏系统的理论体系，对审计结果的运用也不成熟，还有很多方面需要探索和完善，其中，草原资源资产负债表的编制和评价指标体系的构建显得尤为突出和重要。笔者今后将进一步开展这两方面的研究和探索，汲取学术界的优秀成果，争取早日建立健全河北省草原资源资产负债编制制度，并建立起社会普遍认可的草原资源资产审计评价指标体系，推动建立健全科学规范的领导干部草原资源资产离任审计制度，为推进生态文明建设、推动领导干部切实履行草原资源资产管理和生态环境保护责任做出贡献。

受个人能力和知识水平的限制，本书的研究尚存在许多不足之处，需要进一步改进。一是选取案例的审计资源不够全面，对张北、丰宁、围场的草原资源资产情况掌握不全面；二是草原资源资产负债表的列报框架内容不全面；三是在审计评价指标体系的探索中研究不够，虽然在评价指标确定方面提出了初步的设想，但是对指标的具体内容没有进行深入研究，在评价指标的探索方面还需要进一步研究。本书的不足之处，将成为笔者进一步探索的重点、研究的起点。

参考文献

[1] 河北省畜牧水产局等. 河北草地资源［M］. 石家庄: 河北科学技术出版社, 1990.

[2] 孙鸿烈. 中国资源科学百科全书（第一版）［M］. 北京: 中国大百科全书出版社, 2000.

[3] 谢高地, 鲁春霞, 成升魁. 全球生态系统服务价值评估研究进展［J］. 资源科学, 2001（06）.

[4] 鲁春霞, 刘铭, 冯跃, 武建双, 冷允发. 羌塘地区草食性野生动物的生态服务价值评估——以藏羚羊为例［J］, 生态学报, 2011（24）.

[5] 王庆, 孙保平, 赵廷宁. 盐池县天然草场产草量与载畜量调查研究［J］, 水土保持研究, 2007（04）.

[6] 俞孔坚, 李海龙, 李迪华, 等. 国土尺度生态安全格局［J］. 生态学报, 2009（10）.

[7] 颉茂华, 秦宏. 草原生态服务价值计量方法的研究［J］. 中国草地学报, 2010（05）.

[8] 张立中. 中国草原利用、保护与建设评析及政策建议［J］. 农业现代化研究, 2012（05）.

[9] 康瑞斌, 王立群, 乔娜. 京津风沙源治理工程生态影响及评估研究进展和展望［J］. 林业经济, 2013（06）.

[10] 林忠华. 领导干部自然资源资产离任审计探讨［J］. 审计研究, 2014（05）.

[11] 刘长翠, 张宏亮, 黄文思. 资源环境审计的环境: 结构、影响与优化［J］.

审计研究, 2014 (03).

[12] 张婷. 我国自然资源资产离任审计研究现状述评与改革建议 [J]. 商业会计, 2015 (24).

[13] 刘文科, 程志利, 张胜利, 李会庆. 河北省畜牧业生产现状及发展趋势 [J]. 今日畜牧兽医, 2016 (03).

[14] 李博英, 尹海涛. 领导干部自然资源资产离任审计的理论基础与方法 [J]. 审计研究, 2016 (05).

[15] 钱水祥. 领导干部自然资源资产离任审计研究 [J]. 浙江社会科学, 2016 (03).

[16] 薛芬, 李欣. 自然资源资产离任审计实施框架研究——以创新驱动发展为导向 [J]. 审计与经济研究, 2016 (06).

[17] 陈献东. 开展领导干部自然资源资产离任审计的若干思考 [J]. 审计研究, 2016 (09).

[18] 张心灵, 刘宇晨. 草原资源资产负债表编制的探究 [J]. 会计之友, 2016 (18).

[19] 陈新. 我区基本草原划定工作中存在的主要问题及对策 [J]. 新疆畜牧业, 2017 (02).

[20] 王振铎, 张心灵. 领导干部草原资源资产离任审计内容研究——基于内蒙古自治区审计实践 [J]. 审计研究, 2017 (02).

[21] 刘儒昞, 王海滨. 领导干部自然资源资产离任审计演化分析 [J]. 审计研究, 2017 (04).

[22] 贾双竹, 杨春, 彭博, 等. 基于生态保护格局的塞罕坝森林景观特征分析 [J]. 林业与生态科学, 2018 (03).

[23] 王彦芳, 裴宏伟. 1980—2015年河北坝上地区生态环境状况评价与对策研究 [J]. 生态经济, 2018 (01).

[24] 周嵩山, 陈健, 王海燕, 等. 地理信息技术在领导干部自然资源资产离任审计中的应用研究 [J]. 审计与理财, 2018 (05).

[25] 朱锦余. 审计学 (第四版) [M]. 北京: 高等教育出版社, 2019.